最新法律文件解读丛书

刑事法律文件解读

总第 155 辑(2018. 5)

最新法律文件解读丛书编选组　编

人民法院出版社

图书在版编目(CIP)数据

刑事法律文件解读. 总第155辑 / 最新法律文件解读丛书编选组编. —北京:人民法院出版社, 2018.10
(最新法律文件解读丛书)
ISBN 978-7-5109-2178-0

Ⅰ.①刑… Ⅱ.①最… Ⅲ.①刑法-法律解释-中国②刑事诉讼法-法律解释-中国 Ⅳ.①D924.05②D925.205

中国版本图书馆CIP数据核字(2018)第117290号

刑事法律文件解读. 总第155辑
最新法律文件解读丛书编选组　编

责任编辑　姜　峤
出版发行　人民法院出版社
地　　址　北京市东城区东交民巷27号　邮编　100745
电　　话　(010)67550573(责任编辑)　67550558(发行部查询)
65223677(读者服务部)
客服QQ　2092078039
网　　址　http://www.courtbook.com.cn
E-mail　courtbook@sina.com
印　　刷　三河市国英印务有限公司
经　　销　新华书店
开　　本　787×1092毫米　1/16
字　　数　140千字
印　　张　8
版　　次　2018年10月第1版　2018年10月第1次印刷
书　　号　ISBN 978-7-5109-2178-0
定　　价　22.00元

卷首语

为贯彻落实《关于推进以审判为中心的刑事诉讼制度改革的意见》和《关于办理刑事案件严格排除非法证据若干问题的规定》，规范非法证据排除程序，准确惩罚犯罪，切实保障人权，有效防范冤错案件，根据法律规定，结合司法实际，最高人民法院制定并发布了《人民法院办理刑事案件排除非法证据规程（试行)》。《排除非法证据规程（试行)》共计36条，重申中央改革文件对非法证据范围的规定，重点针对非法证据排除程序适用中存在的启动难、证明难、认定难、排除难等问题，进一步明确人民法院审查和排除非法证据的具体规则和流程，有助于审判人员进一步树立规则意识、证据意识、程序意识，有效防范冤假错案发生。我们邀请最高人民法院相关起草人对该司法解释进行了全面细致的阐释，重点对明确被告人供述的排除规则、明确证人证言和被害人陈述的排除规则、明确实物证据的排除规则、关于申请的提出及对申请的审查、庭前会议中证据的出示方式、庭前会议对证据收集合法性争议的处理方式等进行了详细解读。限于篇幅该解读将分两辑刊出，敬请广大读者关注。

《最新法律文件解读》丛书
编　辑　部

目　录

［特载］

最高人民检察院发布检察机关办理涉产权刑事申诉典型案例

（2018 年 1 月 30 日）

典型案例一

赛格集团有限公司申诉案

一、基本案情

1997 年至 2007 年期间，李建民、李子民、李健文（三人系原案被不起诉人）经共谋，以非法占有为目的，利用其掌控海南赛格集团有限公司经营管理权的职务之便，未按规定报海南省处置地方金融风险领导小组办公室审批，未经资产评估，未经公司董事会、股东会批准同意，有组织地采取暗箱操作、虚假诉讼、恶意对账、捏造付款假象、股权抵债权等非法手段，侵吞原由海南赛格子公司、控股公司 100% 持有的杭州高尔夫公司股权。经资产评估，被侵吞的杭州高尔夫公司股权共计价值 15 亿余元人民币。

2000 年 11 月至 2001 年 11 月期间，吕小青（原案被不起诉人）作为海南赛格临时经营班子召集人、资产管理和公章管理负责人，未履行监管职责，导致李建民、李健文、李子民等人侵占海南赛格持有的杭州高尔夫巨额股权，收受李子民给予的好处费共计 231 万元，用于个人消费。

二、诉讼经过

海南省公安厅以涉嫌职务侵占罪于 2007 年 12 月 26 日对李建民、李子民、李健文立案侦查，2008 年 6 月 27 日决定对吕小青以涉嫌非国家工作人员受贿罪立案侦查，2008 年 9 月 23 日交由海口市公安局移送海口市人民检察院审查起诉。海口市人民检察院交由该市龙华区人民检察院办理，龙华区院经两次退回补充侦查，以犯罪事实不清、证据不足为由，于 2009 年 11 月 18 日对李建民、李子民、李健文、吕小青作出不起诉决定。海口市公安局不服先后向龙华区人民检察院、海口市人民检察院提请复议、复核，两级检察院均维持原不起诉决定。

三、监督情况

深圳赛格集团有限公司不服向最高人民检察院提出申诉，高检院交海南省人民检察院立案复查。2017 年 11 月 8 日，海南省人民检察院经检委会审议认为，李建民、李子民、李健文构成职务侵占罪、吕小青构成非国家工作人员受贿罪的基本事实清楚，基本证据确实、充分，责令海口市人民检察院依法撤销龙华区人民检察院对李建民、李子民、李健文、吕小青作出的不起诉决定，由海口市人民检察院对李建民、李子民、李健文、吕小青提起公诉。

四、典型意义

此案是管理人员侵吞公司企业产权的典型案例，受到中纪委、中政委、国资委等部门持续关注。海南省检察机关积极工作，组织各部门精干力量认真复查，调取复核大量证据，并充分听取各方意见，敢于依法纠错，充分贯彻和践行了党中央关于依法保护企业产权的精神。

典型案例二

赵守帅申诉案

一、基本案情

申诉人赵守帅（原审被告人，1969 年 7 月 1 日出生，因本案被判有期徒刑十六年，2010 年 7 月 14 日刑满释放）系甘肃省永昌县农牧机械总公司法定代表人，1997 年 1 月至 10 月期间，该公司与河南省新乡一拖签订合同购买各种型号的拖拉机 142 台，价值 1463530 元，共计拖欠货款 769943 元，新乡一拖多次派人催要货款，赵守帅推托避而不见。

二、诉讼经过

1999 年 1 月 15 日，河南省获嘉县公安局以涉嫌合同诈骗罪将赵守帅刑事拘留，同年 2 月 14 日将其逮捕。2002 年 8 月 18 日，新乡市人民检察院以犯合同诈骗罪向新乡市中级人民法院提起公诉。2002 年 11 月 30 日，新乡市中级人民法院判决赵守帅犯合同诈骗罪被判处有期徒刑十三年，并处罚金三万元，与另案故意伤害罪判处有期徒刑三年，合并执行有期徒刑十六年，罚金三万元，犯罪所得的财物予以追缴；对被告单位永昌农牧公司终止审理。

三、监督情况

赵守帅与永昌农牧机械总公司不服提出申诉。河南省人民检察院经审查认为，原审判决认定申诉人构成合同诈骗罪事实不清、证据不足；有新的证据证明原判决、裁定认定的事实确有错误；原审判决违反法律规定的诉讼程序，可能影响公正审判，据此向河南省高级人民法院提出抗诉，河南省高级人民法院经开庭审理后于 2017 年 3 月 8 日裁定撤销原审刑事判决，发回新乡市中级人民法院重新审判。

四、典型意义

办理有关产权刑事案件，必须严格区分经济纠纷与经济犯罪的界限，对于法律界限不明、罪与非罪界限不清的，不作为犯罪处理。河南省人民检察院复查认定原案事实不清、证据不足，原审裁判确有错误，依法提出抗诉，充分发挥了检察机关在产权保护中的法律监督职能。

典型案例三

月亮湾装饰设计有限公司申诉案

一、基本案情

2014 年 9 月 2 日开始，陈启熬（原案被不起诉人）到广州市月亮湾装饰设计有限公司工作，任公司副总经理职务，后任该公司 A 组负责人，负责建设工程合同签订、工程结算、业务跟进等。月亮湾公司因业务需要挂靠在深圳市国地建设工程有限公司名下。2015 年 3 月 5 日，月亮湾公司委托陈启熬以国地公司名义与广东益民城物业管理有限公司签订“广州东站货场仓库装修改造工程”施工合同。2015 年 9 月 10 日，陈启熬利用职务便利，到国地公司要求将该工程的其中一笔 92686.23 元款项转入其名下的农业银行账户。后陈启熬将该笔款项占为己有，大部分用于偿还其所拖欠他人的高利贷，并于 2015 年 12 月逃匿。另外，陈启熬还多次侵占该工程水电费 17193 元。

二、诉讼经过

广州市海珠区人民检察院不起诉决定书认定：经退回补充侦查，仍认为现有证据不足以证实被不起诉人陈启熬构成职务侵占罪，决定对陈启熬不起诉。广州市月亮湾装饰设计有限公司不服，七日内向广州市人民检察院申诉。

三、监督情况

广州市人民检察院经审查，认为陈启熬作为月亮湾公司聘请的管理人员，利用职务便利，具有侵占月亮湾公司工程款和虚报水电费的主观故意，并且实施了非法占有的行为，数额较大，其行为已构成职务侵占罪。于 2017 年 11 月 10 日决定撤销广州市海珠区人民检察院穗海检诉刑不诉〔2016〕第 167 号不起诉决定书，将案件移送广州市海珠区人民检察院提起公诉。

四、典型意义

依法严厉打击民营企业内部管理人员利用职权侵害企业利益，是产权司法保护工作的重要方面，也是民营企业发展过程中迫切需要解决的突出问题。广州市检察机关高度重视办理此类案件，认真听取民营企业申诉意见，及时纠正不当做法，对各地检察机关依法做好民营企业产权保护工作，具有借鉴意义。

典型案例四

长康实业有限公司申诉案

一、基本案情

彭玉强（原案被不起诉人）非法制造“陶华碧老干妈”牌“风味豆豉油制辣椒”和湖南长康实业有限公司的“长康香芝麻调味油”两种产品的注册商标标识的外包装约16230个，非法经营数额达73035元。

二、诉讼经过

2015年10月26日，湖南省宁乡县公安局以彭玉强涉嫌非法制造注册商标标识罪移送起诉，宁乡县人民检察院经退回补充侦查后，仍然认为该案事实不清、证据不足，于2016年5月10日作出不起诉决定。

三、监督情况

申诉人长康实业有限公司不服不起诉决定，提出申诉。长沙市人民检察院经复查，认定被告人彭玉强非法制造、销售非法制造的注册商标标识数量约16350件，非法经营额约70350元，依法构成非法制造、销售非法制造的注册商标标识罪。经长沙市人民检察院检察委员会审议，于2017年3月24日作出决定，撤销原办案单位对被告人彭玉强作出的存疑不起诉决定，指令岳麓区人民检察院依法对本案提起公诉。2017年7月27日，长沙市岳麓区人民法院作出判决，以彭玉强犯非法制造、销售非法制造的注册商标标识罪判处有期徒刑一年，缓刑二年，并处罚金人民币三万元。

四、典型意义

知识产权是建设创新型国家的驱动力。本案虽然涉案金额并不大，但涉及注册商标标识达上万件。长沙市检察机关态度鲜明地撤销下级检察院的不起诉决定，并指定异地起诉，充分表明了严格依法保护产权的坚决态度。

［司法解释、司法指导性文件与解读］

最高人民法院

关于印发《人民法院办理刑事案件庭前会议规程（试行）》《人民法院办理刑事案件排除非法证据规程（试行）》《人民法院办理刑事案件第一审普通程序法庭调查规程（试行）》的通知（略）[①]

（2017年11月27日）

解读——

《人民法院办理刑事案件排除非法证据规程（试行）》理解与适用（上）

戴长林　朱晶晶[*]

为认真贯彻党的十八届三中、四中全会改革要求，严格落实中央深改组审议通过的《关于推进以审判为中心的刑事诉讼制度改革的意见》《关于办理刑

① 该文件请见《刑事法律文件解读》2017年第12辑（总第150辑）。

* 作者单位：最高人民法院刑三庭。

事案件严格排除非法证据若干问题的规定》（以下简称《严格排除非法证据规定》）等文件，最高人民法院制定《人民法院办理刑事案件排除非法证据规程（试行）》（以下简称《非法证据排除规程》）。《非法证据排除规程》共计36条，重申中央改革文件对非法证据范围的规定，重点针对非法证据排除程序适用中存在的启动难、证明难、认定难、排除难等问题，进一步明确人民法院审查和排除非法证据的具体规则和流程，有助于审判人员进一步树立规则意识、证据意识、程序意识，有效防范冤假错案发生。

一、明确非法证据的认定标准和排除方式

1. 明确被告人供述的排除规则。对被告人供述合法性的认定是目前非法证据排除规则的核心问题。《非法证据排除规程》重申中央改革文件对非法证据范围的规定，明确规定采用刑讯逼供、威胁、非法限制人身自由等方法收集的供述应当予以排除。同时，《非法证据排除规程》重点强调了重复性供述排除规则及两种例外情形：采用刑讯逼供方法使被告人作出供述，之后被告人受该刑讯逼供行为影响而作出的与该供述相同的重复性供述，应当一并排除，但下列情形除外：（1）侦查期间，根据控告、举报或者主动发现等，侦查机关确认或者不能排除以非法方法收集证据而更换侦查人员，其他侦查人员再次讯问时告知诉讼权利和认罪的法律后果，被告人自愿供述的；（2）审查逮捕、审查起诉和审判期间，检察人员、审判人员讯问时告知诉讼权利和认罪的法律后果，被告人自愿供述的。

2. 明确证人证言和被害人陈述的排除规则。采取暴力、威胁以及非法限制人身自由等方法收集证人证言、被害人陈述，不仅严重损害司法的公正性和公信力，而且通过非法取证所刻意制造的虚假印证，极易导致冤假错案。《非法证据排除规程》明确，采用暴力、威胁以及非法限制人身自由等非法方法收集的证人证言、被害人陈述，应当予以排除。

3. 明确实物证据的排除规则。为有效保护公民住宅权、隐私权等宪法权利，《非法证据排除规程》重申《严格排除非法证据规定》相关规定，确立了非法实物证据的排除规则，并将非法实物证据进一步限定为采用非法搜查、扣押等措施取得的实物证据，即：采用非法搜查、扣押等违反法定程序的方法收集物证、书证，可能严重影响司法公正的，应当予以补正或者作出合理解释；不能补正或者作出合理解释的，对有关证据应当予以排除。所谓“非法搜查、

扣押”，主要是指未经依法批准或授权而滥用搜查、扣押措施。

司法实践中，要正确区分非法证据和瑕疵证据。刑事诉讼法规定的非法证据有特定的含义，只有通过违反法定程序并且严重侵犯人权（或者严重影响司法公正）的非法方法收集的证据，才属于“非法证据”；瑕疵证据虽然也涉及违反取证程序的情形，但一般是指收集证据的时间、地点、签名等技术性违法，并不侵犯被告人基本权利，例如，询问证人的地点不符合规定的，收集调取的物证、书证，在勘查笔录、提取笔录上没有侦查人员等相关人员签名的等等，这些并非非法证据排除制度意义上的“非法证据”。实践中，多地法院将非法证据与瑕疵证据相混淆，不当地扩大了非法证据的范围，冲淡了非法证据排除制度的功能和价值，应当引起重视。

二、庭前会议对证据收集合法性争议的处理

1. 庭前全面阅卷。为全面掌握案件情况，确保法庭集中审理，承办法官在开庭审理前应当阅卷，并对证据收集的合法性进行审查：（1）被告人在侦查、审查起诉阶段是否提出排除非法证据申请；提出申请的，是否提供相关线索或者材料。（2）侦查机关、人民检察院是否对证据收集的合法性进行调查核实；调查核实的，是否作出调查结论。（3）对于重大案件，人民检察院驻看守所检察人员在侦查终结前是否核查讯问的合法性，是否对核查过程同步录音录像；进行核查的，是否作出核查结论。（4）对于人民检察院在审查逮捕、审查起诉阶段排除的非法证据，是否随案移送并写明为依法排除的非法证据。对证据收集的合法性进行审查后，人民法院认为需要补充证据材料的，应当通知人民检察院在三日内补送。

2. 权利告知。人民法院向被告人及其辩护人送达起诉书副本时，应当告知其有权在开庭审理前申请排除非法证据并同时提供相关线索或者材料。上述情况应当记录在案。在开庭审理前告知被告人有权申请排除非法证据，可以有效防止被告人到庭审阶段才提出相关申请，保证庭审的集中性和有序性。同时，为确保被告方有效取得相关线索或者材料，依法申请排除非法证据，被告人申请排除非法证据，但没有辩护人的，人民法院应当通知法律援助机构指派律师为其提供辩护。

3. 关于申请的提出及对申请的审查。为防止被告人滥用申请权，避免造成司法资源的浪费，《非法证据排除规程》对被告人提出申请的条件、形式及

时限等问题进行了规范。

(1) 申请的条件。被告人及其辩护人申请排除非法证据，应当提供相关线索或者材料。“线索”是指内容具体、指向明确的涉嫌非法取证的人员、时间、地点、方式等；“材料”是指能够反映非法取证的伤情照片、体检记录、医院病历、讯问笔录、讯问录音录像或者同监室人员的证言等。如果被告人仅仅泛泛地辩称自己遭到刑讯逼供，而提不出任何涉嫌对其刑讯的人员、时间、地点、方式等细节信息，就未能完成初步的举证责任。(2) 申请的形式。被告人及其辩护人申请排除非法证据，应当向人民法院提交书面申请。被告人书写确有困难的，可以口头提出申请，但应当记录在案，并由被告人签名或者捺印。(3) 申请的时限。被告人及其辩护人申请排除非法证据，应当在开庭审理前提出，但在庭审期间发现相关线索或者材料等情形除外。

根据司法实际，人民法院受理被告人的申请后，对申请的审查及处理方式可分为以下三种情形：(1) 被告人及其辩护人申请排除非法证据，并提供相关线索或者材料的，人民法院应当召开庭前会议，并在召开庭前会议三日前将申请书和相关线索或者材料的复制件送交人民检察院。(2) 被告人及其辩护人申请排除非法证据，未提供相关线索或者材料的，人民法院应当告知其补充提交。被告人及其辩护人未能补充的，人民法院对申请不予受理，并在开庭审理前告知被告人及其辩护人。(3) 对于可能判处无期徒刑、死刑或者黑社会性质组织犯罪、严重毒品犯罪等重大案件，被告人在驻看守所检察人员对讯问的合法性进行核查询问时，明确表示侦查阶段没有刑讯逼供等非法取证情形，在审判阶段又提出排除非法证据申请的，应当说明理由，人民法院经审查对证据收集的合法性没有疑问的，可以驳回申请；驻看守所检察人员在重大案件侦查终结前未对讯问的合法性进行核查询问，或者未对核查询问过程全程同步录音录像，被告人及其辩护人在审判阶段提出排除非法证据申请，提供相关线索或者材料，人民法院对证据收集的合法性有疑问的，应当依法进行调查。

4. 庭前会议中证据的出示方式。为充分发挥庭前会议程序在解决证据收集合法性争议方面的预期功能，需要促使控辩双方就争议问题充分交换意见，积极进行协商。关于在庭前会议中能否播放讯问录音录像和通知相关人员到会的问题，在起草过程中形成三种意见：第一种意见认为，在庭前会议中能否播放录音录像或者通知相关人员到会，情况比较复杂，可交由审判人员根据案件情况作出判断，不宜具体规定；第二种意见认为，为了避免庭前会议取代法庭审理的质疑，应当明确禁止在庭前会议中播放录音录像或者通知相关人员到会，待庭审一并解决；第三种意见认为，录音录像与讯问笔录等书面材料性质相同，对于有讯问录音录像的案件，在庭前会议中播放录音录像有助于尽早解决证据合法性争议，确保法庭集中审理。根据试点工作和征求意见情况，我们同意第三种意见，即：人民法院可以对有关材料进行核实，经控辩双方申请，可以有针对性地播放讯问录音录像。

5. 庭前会议对证据收集合法性争议的处理方式。立足司法实际，《非法证据排除规程》将庭前会议对证据收集合法性的处理方式概括为四种情形：(1) 在庭前会议中，人民检察院可以撤回有关证据。撤回的证据，没有新的理由，不得在庭审中出示。(2) 被告人及其辩护人可以撤回排除非法证据的申请；撤回申请后，没有新的线索或者材料，不得再次对有关证据提出排除申请。(3) 控辩双方在庭前会议中对证据收集的合法性达成一致意见的，法庭应当在庭审中向控辩双方核实并当庭予以确认。对于一方在庭审中反悔的，除有正当理由外，法庭一般不再进行审查。(4) 对于控辩双方在庭前会议中对证据收集是否合法未达成一致意见的情形，《严格排除非法证据规定》第二十六条规定，人民法院对证据收集的合法性有疑问的，应当在庭审中进行调查；人民法院对证据合法性没有疑问，且没有新的线索或材料表明可能存在非法取证的，可以决定不再进行调查。但有意见认为，该规定容易引起以庭前会议取代法庭调查的质疑。根据司法实际和试点工作情况，《非法证据排除规程》规定："控辩双方在庭前会议中对证据收集的合法性未达成一致意见，人民法院应当在庭审中进行调查，但公诉人提供的相关证据材料确实、充分，能够排除非法取证情形，且没有新的线索或者材料表明可能存在非法取证的，庭审调查举证、质证可以简化。"这一规定对《严格排除非法证据规定》予以细化和完善，实现了庭前会议和法庭调查的衔接，既是对庭前会议功能和效力的肯定，也可以避免庭前会议处理结果面临不必要的争议，与《严格排除非法证据规定》在本质上是一致的。

（未完待续）

[部门规章、规章性文件与解读]

教育部　中央综治办　最高人民法院　最高人民检察院
公安部　民政部　司法部　人力资源和社会保障部
共青团中央　全国妇联　中国残联

关于印发《加强中小学生欺凌综合治理方案》的通知

2017年11月22日　　教督〔2017〕10号

各省、自治区、直辖市教育厅（教委）、综治办、高级人民法院、人民检察院、公安厅（局）、民政厅（局）、司法厅（局）、人力资源社会保障厅（局）、团委、妇联、残联，新疆生产建设兵团教育局、综治办、人民法院、人民检察院、公安局、民政局、司法局、人力资源社会保障局、团委、妇联、残联：

《加强中小学生欺凌综合治理方案》已经国家教育体制改革领导小组会议通过，现印发给你们，请遵照执行。

附：

加强中小学生欺凌综合治理方案

加强中小学生欺凌综合治理是中小学校安全工作的重点和难点，事关亿万中小学生的身心健康和全面发展，事关千家万户的幸福和社会和谐稳定，事关中华民族的未来和伟大复兴。为深入贯彻党的十九大精神，有效防治中小学生欺凌，依据相关法律法规，制定本方案。

一、指导思想

以习近平新时代中国特色社会主义思想为指导，全面贯彻党的教育方针，落实立德树人根本任务，大力培育和弘扬社会主义核心价值观，不断提高中小学生思想道德素质，健全预防、处置学生欺凌的工作体制和规章制度，以形成防治中小学生欺凌长效机制为目标，以促进部门协作、上下联动、形成合力为保障，确保中小学生欺凌防治工作落到实处，把校园建设成最安全、最阳光的地方，办好人民满意的教育，为培养德智体美全面发展的社会主义建设者和接班人创造良好条件。

二、基本原则

（一）坚持教育为先。深入开展中小学生思想道德教育、法治教育、心理健康教育，促进提高人民群众的思想觉悟、道德水准、文明素养，提高全社会文明程度，特别要加强防治学生欺凌专题教育，培养校长、教师、学生及家长等不同群体积极预防和自觉反对学生欺凌的意识。

（二）坚持预防为主。完善有关规章制度，及时排查可能导致学生欺凌事件发生的苗头隐患，强化学校及周边日常安全管理，加强欺凌事件易发现场监管，完善学生寻求帮助的维权渠道。

（三）坚持保护为要。切实保障学生的合法权益，严格保护学生隐私，尊重学生的人格尊严。切实保护被欺凌学生的身心建康，防止二次伤害发生，帮助被欺凌学生尽早恢复正常的学习生活。

（四）坚持法治为基。按照全面依法治国的要求，依法依规处置学生欺凌事件，按照“宽容不纵容、关爱又严管”的原则，对实施欺凌的学生予以必要的处置及惩戒，及时纠正不当行为。

三、治理内容及措施

（一）明确学生欺凌的界定

中小学生欺凌是发生在校园（包括中小学校和中等职业学校）内外、学生之间，一方（个体或群体）单次或多次蓄意或恶意通过肢体、语言及网络等手段实施欺负、侮辱，造成另一方（个体或群体）身体伤害、财产损失或精神损害等的事件。

在实际工作中，要严格区分学生欺凌与学生间打闹嬉戏的界定，正确合理处理。

（二）建立健全防治学生欺凌工作协调机制

各地要组织协调有关部门、群团组织，建立健全防治学生欺凌工作协调机制，统筹推进学生欺凌治理工作，妥善处理学生欺凌重大事件，正确引导媒体和网络舆情。教育行政（主管）部门和学校要重点抓好校园内欺凌事件的预防和处置；各部门要加强协作，综合治理，做好校园外欺凌事件的预防和处置。

（三）积极有效预防

1. 指导学校切实加强教育。中小学校要通过每学期开学时集中开展教育、学期中在道德与法治等课程中专门设置教学模块等方式，定期对中小学生进行学生欺凌防治专题教育。学校共青团、少先队组织要配合学校开展好法治宣传教育、安全自护教育。

2. 组织开展家长培训。通过组织学校或社区定期开展专题培训课等方式，加强家长培训，引导广大家长增强法治意识，落实监护责任，帮助家长了解防治学生欺凌知识。

3. 严格学校日常管理。学校根据实际成立由校长负责，教师、少先队大中队辅导员、教职工、社区工作者和家长代表、校外专家等人员组成的学生欺凌治理委员会（高中阶段学校还应吸纳学生代表）。加快推进将校园视频监控系统、紧急报警装置等接入公安机关、教育部门监控和报警平台，逐步建立校园安全网上巡查机制。学校要制定防治学生欺凌工作各项规章制度的工作要求，主要包括：相关岗位教职工防治学生欺凌的职责、学生欺凌事件应急处置预案、学生欺凌的早期预警和事中处理及事后干预的具体流程、校规校纪中对实施欺凌学生的处罚规定等。

4. 定期开展排查。教育行政部门要通过委托专业第三方机构或组织学校开展等方式，定期开展针对全体学生的防治学生欺凌专项调查，及时查找可能发生欺凌事件的苗头迹象或已经发生、正在发生的欺凌事件。

（四）依法依规处置

1. 严格规范调查处理。学生欺凌事件的处置以学校为主。教职工发现、学生或者家长向学校举报的，应当按照学校的学生欺凌事件应急处置预案和处理流程对事件及时进行调查处理，由学校学生欺凌治理委员会对事件是否属于学生欺凌行为进行认定。原则上学校应在启动调查处理程序10日内完成调查，根据有关规定处置。

2. 妥善处理申诉请求。各地教育行政部门要明确具体负责防治学生欺凌工作的处（科）室并向社会公布。县级防治学生欺凌工作部门负责处理学生欺凌事件的申诉请求。学校学生欺凌治理委员会处理程序妥当、事件比较清晰的，应以学校学生欺凌治理委员会的处理结果为准；确需复查的，由县级防治学生欺凌工作部门组织学校代表、家长代表和校外专家等组成调查小组启动复查。复查工作应在15日内完成，对事件是否属于学生欺凌进行认定，提出处置意见并通知学校和家长、学生。

县级防治学生欺凌工作部门接受申诉请求并启动复查程序的，应在复查工作结束后，及时将有关情况报上级防治学生欺凌工作部门备案。涉法涉诉案件等不宜由防治学生欺凌工作部门受理的，应明确告知当事人，引导其及时纳入相应法律程序办理。

3. 强化教育惩戒作用。对经调查认定实施欺凌的学生，学校学生欺凌治理委员会要根据实际情况，制定一定学时的专门教育方案并监督实施欺凌学生按要求接受教育，同时针对欺凌事件的不同情形予以相应惩戒。

情节轻微的一般欺凌事件，由学校对实施欺凌学生开展批评、教育。实施欺凌学生应向被欺凌学生当面或书面道歉，取得谅解。对于反复发生的一般欺凌事件，学校在对实施欺凌学生开展批评、教育的同时，可视具体情节和危害程度给予纪律处分。

情节比较恶劣、对被欺凌学生身体和心理造成明显伤害的严重欺凌事件，学校对实施欺凌学生开展批评、教育的同时，可邀请公安机关参与警示教育或对实施欺凌学生予以训诫，公安机关根据学校邀请及时安排人员，保证警示教育工作有效开展。学校可视具体情节和危害程度给予实施欺凌学生纪律处分，将其表现记入学生综合素质评价。

屡教不改或者情节恶劣的严重欺凌事件，必要时可将实施欺凌学生转送专门（工读）学校进行教育。未成年人送专门（工读）学校进行矫治和接受教育，应当按照《中华人民共和国预防未成年人犯罪法》有关规定，对构成有严重不良行为的，按专门（工读）学校招生入学程序报有关部门批准。

涉及违反治安管理或者涉嫌犯罪的学生欺凌事件，处置以公安机关、人民法院、人民检察院为主。教育行政部门和学校要及时联络公安机关依法处置。各级公安、人民法院、人民检察院依法办理学生欺凌犯罪案件，做好相关侦查、审查逮捕、审查起诉、诉讼监督和审判等工作。对有违法犯罪行为的学生，要区别不同情况，责令其父母或者其他监护人严加管教。对依法应承担行政、刑事责任的，要做好个别矫治和分类教育，依法利用拘留所、看守所、未成年犯管教所、社区矫正机构等场所开展必要的教育矫治；对依法不予行政、刑事处罚的学生，学校要给予纪律处分，非义务教育阶段学校可视具体情节和危害程度给予留校察看、勒令退学、开除等处分，必要时可按照有关规定将其送专门（工读）学校。对校外成年人采取教唆、胁迫、诱骗等方式利用在校学生实施欺凌进行违法犯罪行为的，要根据《中华人民共和国刑法》及有关法律规定，对教唆未成年人犯罪的依法从重处罚。

（五）建立长效机制

各地各有关部门要加强制度建设，积极探索创新，逐步建立具有长效性、稳定性和约束力的防治学生欺凌工作机制。

1. 完善培训机制。明确将防治学生欺凌专题培训纳入教育行政干部和校长、教师在职培训内容。市级、县级教育行政部门分管负责同志和具体工作人员每年应当接受必要的学生欺凌预防与处置专题面授培训。中小学校长、学校行政管理人员、班主任和教师等培训中应当增加学生欺凌预防与处置专题面授的内容。培训纳入相关人员继续教育学分。

2. 建立考评机制。将本区域学生欺凌综合治理工作情况作为考评内容，纳入文明校园创建标准，纳入相关部门负责同志年度考评，纳入校长学期和学年考评，纳入学校行政管理人员、教师、班主任及相关岗位教职工学期和学年考评。

3. 建立问责处理机制。把防治学生欺凌工作专项督导结果作为评价政府教育工作成效的重要内容。对职责落实不到位、学生欺凌问题突出的地区和单位通过通报、约谈、挂牌督办、实施一票否决权制等方式进行综治领导责任追究。学生欺凌事件中存在失职渎职行为，因违纪违法应当承担责任的，给予党纪政纪处分；构成犯罪的，依法追究刑事责任。

4. 健全依法治理机制。建立健全中小学校法制副校长或法制辅导员制度，明确法制副校长或法制辅导员防治学生欺凌的具体职责和工作流程，把防治学生欺凌作为依法治校工作的重要内容，积极主动开展以防治学生欺凌为主题的法治教育，推进学校在规章制度中补充完善防治学生欺凌内容，落实各项预防和处置学生欺凌措施，配合有关部门妥善处理学生欺凌事件及对实施欺凌学生进行教育。

四、职责分工

（一）教育行政部门负责对学生欺凌治理进行组织、指导、协调和监督，牵头做好专门（工读）学校的建设工作，是学生欺凌综合治理的牵头单位。

（二）综治部门负责推动将学生欺凌专项治理纳入社会治安综合治理工作，强化学校周边综合治理，落实社会治安综合治理领导责任制。

（三）人民法院负责依法妥善审理学生欺凌相关案件，通过庭审厘清学生欺凌案件的民事责任，促进矛盾化解工作；以开展模拟法庭等形式配合学校做好法治宣传工作。

（四）人民检察院负责依法对学生欺凌案件进行审查逮捕、审查起诉，开展法律监督，并以案释法，积极参与学校法治宣传教育。

（五）公安机关负责依法办理学生欺凌违反治安管理和涉嫌犯罪案件，依法处理实施学生欺凌侵害学生权益和身心健康的相关违法犯罪嫌疑人，强化警校联动，指导监督学校全面排查整治校园安全隐患，协助学校开展法治教育，做好法治宣传工作。

（六）民政部门负责引导社会力量加强对被欺凌学生及其家庭的帮扶救助，协助教育部门组织社会工作者等专业人员为中小学校提供专业辅导，配合有关部门鼓励社会组织参与学生欺凌防治和帮扶工作。

（七）司法行政部门负责落实未成年人司法保护制度，建立未成年人司法支持体系，指导协调开展以未成年人相关法律法规为重点的法治宣传教育，做好未成年人法律援助和法律服务工作，有效保护未成年人的合法权益。

（八）人力资源社会保障部门负责指导技工学校做好学生欺凌事件的预防和处置工作。

（九）共青团组织负责切实履行综治委预防青少年违法犯罪专项组组长单位职责，配合教育行政部门并协调推动相关部门，建立预防遏制学生欺凌工作协调机制，积极参与学生欺凌防治工作。

（十）妇联组织负责配合有关部门开展预防学生欺凌相关知识的宣传教育，引导家长正确履行监护职责。

（十一）残联组织负责积极维护残疾儿童、少年合法权益，配合有关部门做好残疾学生权益保护相关法律法规的宣传教育，切实加强残疾学生遭受欺凌的风险防控，协助提供有关法律服务。

（十二）学校负责具体实施和落实学生欺凌防治工作，扎实开展相关教育，制定完善预防和处置学生欺凌的各项措施、预案、制度规范和处置流程，及时妥善处理学生欺凌事件。指导、教育家长依法落实法定监护职责，增强法治意识，科学实施家庭教育，切实加强对孩子的看护和管教工作。

五、工作要求

（一）深入细致部署。各地各有关部门要按照属地管理、分级负责的原则，加强学生欺凌综合治理。根据治理内容、措施及分工要求，明确负责人和具体联系人，结合本地区、本部门实际制订具体实施方案，落实工作责任。请于 2017 年 12 月 31 日前将省级防治学生欺凌工作负责人和联系人名单、2018 年 1 月 31 日前将实施方案分别报送国务院教育督导委员会办公室。

（二）加强督导检查。省、市级教育督导部门要联合其他有关部门，定期对行政区域内防治学生欺凌工作情况进行督导检查。县级教育督导部门要对县域内学校按要求开展欺凌防治教育活动、制定应急预案和处置流程等办法措施、在校规校纪中完善防治学生欺凌内容、开展培训、及时处置学生欺凌事件等重点工作开展情况进行专项督导检查。

国务院教育督导委员会办公室适时组织联合督查组对全国防治学生欺凌工作进行专项督导，督导结果向社会公开。

（三）及时全面总结。认真及时做好防治学生欺凌工作总结，一方面围绕取得的成绩和经验，认真总结防治学生欺凌工作中带有启示性、经验性的做法；另一方面围绕面临的困难和不足，认真查找防治学生欺凌工作与社会、家长和学生需求的差距、不足和薄弱环节，查找问题真正的根源，汲取教训，研究改进，推动防治学生欺凌工作进一步取得实效。

（四）强化宣传引导。结合普法工作，开展法治宣传进校园活动，加强对防治学生欺凌工作的正面宣传引导，推广防治学生欺凌的先进典型、先进经验，普及防治学生欺凌知识和方法。对已发生的学生欺凌事件要及时回应社会关切，充分满足群众信息需求。教育行政部门要联系当地主要新闻媒体共同发布反学生欺凌绿色报道倡议书，营造反学生欺凌报道宣传的良好氛围。

教育部教育督导局主要负责人就《加强中小学生欺凌综合治理方案》答记者问

1. 问：《治理方案》出台的背景是什么？

答：近年来，发生了部分中小学生欺凌事件，引起各界广泛关注，产生了不良的社会影响。党中央、国务院对此高度重视，李克强总理专门作出批示，指出“校园应是最阳光、最安全的地方。校园暴力频发，不仅伤害未成年人身心健康，也冲击社会道德底线。教育部要会同相关方面多措并举，特别是要完善法律法规、加强对学生的法制教育，坚决遏制漠视人的尊严与生命的行为”。刘延东副总理也多次批示要求加强校园欺凌预防和治理，坚决遏制伤害未成年人身心健康的行为。2016 年 4 月，国务院教育督导委员会办公室印发《关于开展校园欺凌专项治理的通知》，在全国开展了为期九个月的专项治理。2016 年 11 月，教育部联合中央综治办、最高人民法院、最高人民检察院、公安部、民政部、司法部、共青团中央、全国妇联九部门印发《关于防治中小学生欺凌和暴力的指导意见》，对积极预防处置学生欺凌和暴力事件提出了宏观性、原则性的指导意见。2016 年 12 月，国务院教育督导委员会办公室印发《中小学（幼儿园）安全工作专项督导暂行办法》，将学生欺凌和暴力行为预防与应对纳入安全专项督导工作。通过这些努力，一定程度上遏制了学生欺凌事件的频发，各地各校在提高防范意识、开展反欺凌专题教育和加强日常管理等方面取得了积极进展，积累了一些好做法好经验。但是，我们在专项治理和实地督导工作中发现，目前仍有些单位存在对防治学生欺凌重视程度不够、多方联动防治机制不健全、对实施欺凌学生惩戒手段缺失等问题，对学生欺凌的界定、程度的划分、不同程度欺凌情形的处置、处置后的申诉受理、部门和学校的职责分工等还缺少明确规定，有必要进一步制定针对性、操作性强的实施方案，完善防治学生欺凌的制度体系。

2. 问：请简要介绍《治理方案》制订的过程？

答：为加强《治理方案》的针对性、操作性和有效性，教育部邀请校园安全、学校管理、行政管理等方面有关专家组成文件起草小组，于2016年12月启动文件起草工作。起草工作大体分为四个阶段：

一是充分调研。对2016年发生学生欺凌事件较多的部分省进行了实地调研，结合各地中小学生欺凌防治工作书面报告，总结经验，查找问题，研究起草了文件初稿。

二是座谈咨询。多次召开座谈会，征求部分专家和地方教育安全管理方面负责同志的意见，修改形成征求意见稿。

三是征求意见。将征求意见稿向部内有关司局、全国31个省（区、市）和新疆生产建设兵团教育行政部门和教育督导部门、国家教育体制改革领导小组各成员单位及中央综治办、最高人民法院、最高人民检察院、公安部等有关部门征求了意见。在综合各地各部门意见建议的基础上，对《治理方案》作了进一步修改。

四是会议审定。经部党组审议后，《治理方案》提请国家教育体制改革领导小组会议审议通过，根据会议要求对《治理方案》作了修改，并经中央综治办等十个部门会签。近期，根据十九大精神，对文件进行了修改完善，形成了目前的《治理方案》。

3. 问：《治理方案》主要有哪些内容？

答：《治理方案》共5部分，主要包括指导思想、基本原则、治理内容及措施、职责分工和工作要求。

一是指导思想。提出要以习近平新时代中国特色社会主义思想为指导，全面贯彻党的教育方针，落实立德树人根本任务，大力培育和弘扬社会主义核心价值观，不断提高中小学生思想道德素质，健全预防、处置学生欺凌的工作体制和规章制度，以形成防治中小学生欺凌长效机制为目标，以促进部门协作、上下联动、形成合力为保障，确保中小学生欺凌防治工作落到实处，把校园建设成最安全、最阳光的地方，办好人民满意的教育，为培养德智体美全面发展的社会主义建设者和接班人创造良好条件。

二是基本原则。主要明确了中小学生欺凌综合治理的四个原则。一是坚持教育为先，通过加强教育，培养校长、教师、学生及家长等不同群体积极预防和自觉反对学生欺凌的意识。二是坚持预防为主，强化学校及周边日常安全管理，及时排查可能导致学生欺凌事件发生的苗头隐患。三是坚持保护为要，切实保障学生的合法权益，严格保护学生隐私。四是坚持法治为基，按照全面依法治国的要求，依法依规处置学生欺凌事件。

三是治理内容及措施。包括明确学生欺凌的界定、建立健全防治学生欺凌工作协调机制、积极有效预防、依法依规处置和建立长效机制等五方面内容。重点对学生欺凌的预防措施、事件处置和申诉处理、学生欺凌不同情形的教育惩戒措施等作了明确规定。

四是职责分工。明确了学生欺凌综合治理中，教育、综治、人民法院、人民检察院、公安、民政、司法、人力资源社会保障、共青团、妇联、残联等各部门及学校的职责分工。

五是工作要求。对各地各有关部门要深入细致部署中小学生欺凌综合治理、加强督导检查、及时全面总结、强化宣传引导等工作提出具体要求。

4. 问：《治理方案》对学生欺凌是怎么界定的？

答：针对目前实际工作中学生欺凌缺乏明确定义的问题，《治理方案》提出，中小学生欺凌是发生在校园（包括中小学校和中等职业学校）内外、学生之间，一方（个体或群体）单次或多次蓄意或恶意通过肢体、语言及网络等手段实施欺负、侮辱，造成另一方（个体或群体）身体伤害、财产损失或精神损害等的事件。各地各校在实际工作中严格区分学生欺凌与学生间打闹嬉戏的界定，正确合理处理。

5. 问：怎样有效预防中小学生欺凌事件的发生？

答：《治理方案》明确了积极有效预防学生欺凌的四项举措：

一是学校加强教育。各中小学校通过每学期开学时集中开展教育、在道德与法治等课程中专门设置教学模块等方式，定期对中小学生进行学生欺凌防治专题教育。

二是开展家长培训。通过组织学校或社区定期开展专题培训课等方式，加强家长培训，引导广大家长增强法治意识，落实监护责任，帮助家长了解防治学生欺凌知识。

三是强化学校管理。加快推进校园视频监控系统、紧急报警装置等建设，建立健全防治学生欺凌工作各项规章制度，学校根据实际成立学生欺凌治理委员会。

四是定期开展排查。通过委托专业第三方机构或组织学校开展等方式，定期开展针对全体学生的防治学生欺凌专项调查，及时查找可能发生欺凌事件的苗头迹象或已经发生、正在发生的欺凌事件。

6. 问：学生欺凌事件发生后该怎么妥善处置？

答：《治理方案》明确，学生欺凌事件的处置以学校为主，应依法依规进行。

在调查处理阶段，明确要严格规范调查处理。学校发现欺凌事件线索后，应当按照学生欺凌事件应急处置预案和处理流程对事件及时进行调查处理，由学校学生欺凌治理委员会对事件是否属于学生欺凌行为进行认定。原则上学校应在启动调查处理程序10日内完成调查，根据有关规定处置。

若有申诉，明确要妥善处理申诉请求。由县级防治学生欺凌工作部门负责处理学生欺凌事件的申诉请求。对确需复查的，由县级防治学生欺凌工作部门组织学校代表、家长代表和校外专家等组成调查小组启动复查。复查工作应在15日内完成。

涉法涉诉案件等不宜由防治学生欺凌工作部门受理的，应及时纳入相应法律程序办理。

7. 问：对实施欺凌行为的学生应该怎么实施教育惩戒？

答：《治理方案》指出，对经调查认定实施欺凌的学生，学校学生欺凌治理委员会要根据实际情况，制定一定学时的专门教育方案并监督实施欺凌学生按要求接受教育，同时针对欺凌事件的不同情形予以相应惩戒。

情节轻微的一般欺凌事件，由学校对实施欺凌学生开展批评、教育。实施欺凌学生应向被欺凌学生当面或书面道歉，取得谅解。

情节比较恶劣、对被欺凌学生身体和心理造成明显伤害的严重欺凌事件，学校对实施欺凌学生开展批评、教育的同时，可请公安机关参与警示教育或对实施欺凌学生予以训诫。

屡教不改或者情节恶劣的严重欺凌事件，必要时可将实施欺凌学生转送专门（工读）学校进行教育。

涉及违反治安管理或者涉嫌犯罪的学生欺凌事件，处置以公安机关、人民法院、人民检察院为主。对依法应承担行政、刑事责任的，要做好个别矫治和分类教育，依法利用拘留所、看守所、未成年犯管教所、社区矫正机构等场所开展必要的教育矫治；对依法不予行政、刑事处罚的学生，学校要给予纪律处分，非义务教育阶段学校可视具体情节和危害程度给予留校察看、勒令退学、开除等处分，必要时可按照有关规定将其送专门（工读）学校。

8. 问：如何建立学生欺凌治理工作的长效机制？

答：《治理方案》提出，各地各有关部门要加强制度建设，逐步建立具有长效性、稳定性和约束力的防治学生欺凌工作机制。

一是完善培训机制。明确将学生欺凌专题培训纳入教育行政干部和校长、教师在职培训内容。

二是建立考评机制。将本区域学生欺凌综合治理工作情况作为考评内容，纳入文明校园创建标准，纳入相关部门负责同志年度考评，纳入校长、学校行政管理人员、教师、班主任及相关岗位教职工学期和学年考评。

三是建立问责处理机制。对职责落实不到位、学生欺凌问题突出的地区和单位通过通报、约谈、挂牌督办、实施一票否决权制等方式进行综治领导责任追究。

四是健全依法治理机制。建立健全中小学校法制副校长或法制辅导员制度，明确法制副校长或法制辅导员防治学生欺凌的具体职责和工作流程，把防治学生欺凌作为依法治校工作的重要内容，积极主动开展以防治学生欺凌为主题的法治教育，推进学校在规章制度中补充完善防治学生欺凌内容，落实各项预防和处置学生欺凌措施。

9. 问：对学生欺凌综合治理工作，有关部门应如何分工合作？

答：《治理方案》明确在学生欺凌综合治理工作中，教育、综治、人民法院、人民检察院、公安、民政、司法、人力资源社会保障、共青团、妇联、残联十一个部门和学校的职责，并强调要建立健全防治学生欺凌工作协调机制，形成多部门有效沟通、各负其责、齐抓共管的良好局面。

教育行政部门负责对学生欺凌治理进行组织、指导、协调和监督，牵头做好专门（工读）学校的建设工作，是学生欺凌综合治理的牵头单位。

综治部门负责推动将学生欺凌专项治理纳入社会治安综合治理工作，强化学校周边综合治理，落实社会治安综合治理领导责任制。

人民法院负责依法妥善审理学生欺凌相关案件，通过庭审厘清学生欺凌案件的民事责任，促进矛盾化解工作；以开展模拟法庭等形式配合学校做好法治宣传工作。

人民检察院负责依法对学生欺凌案件进行审查逮捕、审查起诉，开展法律监督，并以案释法，积极参与学校法治宣传教育。

公安机关负责依法办理学生欺凌违反治安管理和涉嫌犯罪案件，依法处理实施学生欺凌侵害学生权益和身心健康的相关违法犯罪嫌疑人，强化警校联动，指导监督学校全面排查整治校园安全隐患，协助学校开展法治教育，做好法治宣传工作。

民政部门负责引导社会力量加强对被欺凌学生及其家庭的帮扶救助，协助教育部门组织社会工作者等专业人员为中小学校提供专业辅导，配合有关部门鼓励社会组织参与学生欺凌防治和帮扶工作。

司法行政部门负责落实未成年人司法保护制度，建立未成年人司法支持体系，指导协调开展以未成年人相关法律法规为重点的法治宣传教育，做好未成年人法律援助和法律服务工作，有效保护未成年人的合法权益。

人力资源社会保障部门负责指导技工学校做好学生欺凌事件的预防和处置工作。

共青团组织负责切实履行综治委预防青少年违法犯罪专项组组长单位职责，配合教育行政部门并协调推动相关部门，建立预防遏制学生欺凌工作协调机制，积极参与学生欺凌防治工作。

妇联组织负责配合有关部门开展预防学生欺凌相关知识的宣传教育，引导家长正确履行监护职责。

残联组织负责积极维护残疾儿童、少年合法权益，配合有关部门做好残疾学生权益保护相关法律法规的宣传教育，切实加强残疾学生遭受欺凌的风险防控，协助提供有关法律服务。

学校负责具体实施和落实学生欺凌防治工作，扎实开展相关教育，制定完善预防和处置学生欺凌的各项措施、预案、制度规范和处置流程，及时妥善处理学生欺凌事件。指导、教育家长依法落实法定监护职责，增强法治意识，科学实施家庭教育，切实加强对孩子的看护和管教工作。

10. 问：将采取哪些措施督促各地落实《治理方案》?

答：一是深入细致部署。要求各地各有关部门按照属地管理、分级负责的原则，进行综合治理，明确负责人和具体联系人，制定具体实施方案。

二是加强督导检查。要求各级教育督导部门定期开展学生欺凌综合治理工作督导检查。强调县级教育督导部门要对学校开展教育活动、制定应急预案和处置流程、在校规校纪中完善防治学生欺凌内容、及时处置学生欺凌事件等工作开展情况进行专项督导检查。国务院教育督导委员会办公室将适时对全国防治学生欺凌工作进行专项督导。

三是强化宣传引导。要求各地结合普法工作，开展法治宣传进校园活动，加强对防治学生欺凌工作的正面宣传引导，推广防治学生欺凌的先进典型、先进经验，普及防治学生欺凌知识和方法。

公安部　商务部　卫生计生委　海关总署

国家安全监督管理总局　国家食品药品监督管理总局

关于将N－苯乙基－4－哌啶酮、4－苯胺基－N－苯乙基哌啶、N－甲基－1－苯基－1－氯－2－丙胺、溴素、1－苯基－1－丙酮5种物质列入易制毒化学品管理的公告

（2017年12月22日）

经国务院批准，4－苯胺基－N－苯乙基哌啶、N－苯乙基－4－哌啶酮、N－甲基－1－苯基－1－氯－2－丙胺和溴素、1－苯基－1－丙酮5种物质已列入《易制毒化学品管理条例》（以下简称《条例》）附表《易制毒化学品的分类和品种目录》，现将有关管理事项公告如下：

一、4－苯胺基－N－苯乙基哌啶和N－苯乙基－4－哌啶酮的管理

4－苯胺基－N－苯乙基哌啶简称4－ANPP，分子式C19H24N2，化学文摘

登记号即 CAS 号 21409－26－7，海关编码 29333990.90；N－苯乙基－4－哌啶酮简称 NPP，分子式 C13H17NO，CAS 号 39742－60－4，海关编码 29333990.90。该两种物质按照《条例》附表第一类易制毒化学品管理，其生产、经营、购买、运输和进出口活动执行非药品类易制毒化学品的有关规定。

二、N－甲基－1－苯基－1－氯－2－丙胺的管理

N－甲基－1－苯基－1－氯－2－丙胺简称 β－氯代甲基苯丙胺，又名氯代麻黄碱、氯麻黄碱，分子式 C10H14ClN，CAS 号 25394－33－6，海关编码 29397190.12。该物质按照《条例》附表第一类易制毒化学品管理，其生产、经营、购买、运输和进出口活动执行药品类易制毒化学品中麻黄素类物质的有关规定。

三、溴素和 1－苯基－1－丙酮的管理

溴素又名溴、液溴，分子式 Br2，CAS 号 7726－95－6，海关编码 28013020.00；1－苯基－1－丙酮，又名苯基乙基甲酮、丙酰苯、乙基苯基酮，分子式 C9H10O，CAS 号 93－55－0，海关编码 29143990.90。该两种物质按照《条例》附表第二类易制毒化学品管理，其生产、经营、购买、运输和进出口活动执行非药品类易制毒化学品的有关规定。

本公告自 2018 年 2 月 1 日起施行。

国家食品药品监督管理总局　公安部

印发《关于加大食品药品安全执法力度严格落实食品药品违法行为处罚到人的规定》的通知

2018年1月24日　　食药监法〔2018〕12号

各省、自治区、直辖市食品药品监督管理局、公安厅（局），新疆生产建设兵团食品药品监督管理局、公安局：

为深入贯彻食品药品相关法律法规，落实党中央、国务院有关食品药品安全“四个最严”的要求，加大对食品药品安全违法行为的执法力度，食品药品监管总局、公安部联合制定了《关于加大食品药品安全执法力度严格落实食品药品违法行为处罚到人的规定》，现予以印发，请遵照执行。

附：

关于加大食品药品安全执法力度严格落实食品药品违法行为处罚到人的规定

为深入贯彻《中华人民共和国刑法》（以下简称《刑法》）、《中华人民共和国食品安全法》（以下简称《食品安全法》）、《中华人民共和国药品管理法》（以下简称《药品管理法》）、《中华人民共和国治安管理处罚法》、《医疗器械监督管理条例》、《化妆品卫生监督条例》等法律法规，落实党中央、国务院有关食品药品安全“四个最严”的要求，加大对食品药品违法行为的执法力度，现就严格执行食品药品违法行为“处罚到人”相关要求规定如下：

一、深刻认识重要意义

落实食品药品违法行为“处罚到人”的规定，是全面贯彻党中央有关食品药品安全“四个最严”要求，加大食品药品领域执法力度的重要措施，对预防、控制和惩处食品药品安全领域违法犯罪，强化食品药品监管执法权威，全面提升食品药品安全保障水平，具有重要意义。各级食品药品监督管理部门、公安机关要严格按照依法行政的要求，认真落实法律法规和规章有关“处罚到人”的规定，认真调查并严肃追究相关责任人员的法律责任，用最严格的监管、最严厉的处罚，保障食品药品安全。

二、依法明确责任人员范围

个人从事食品药品违法行为的，依法追究个人法律责任。单位从事食品药品违法行为的，除对单位进行处罚外，还要依法追究单位直接负责的主管人员和其他直接责任人员责任。直接负责的主管人员，是在单位实施的违法行为中起决定、批准、授意、纵容、指挥等作用的主管人员，一般是单位的相关负责人。其他直接责任人员，是在单位违法事实中具体实施违法行为并起较大作用的人员，既可以是单位的生产经营管理人员，也可以是单位的职工，包括聘任、雇佣的人员。

三、严格落实行政法律责任

有下列情形之一的，按照现行食品药品相关法律法规和规章的规定，依法追究相关人员行政法律责任。

（一）食品药品监督管理部门依法实施行政处罚的具体情形

一是未依法取得许可，从事食品生产经营，食品添加剂生产，药品生产经营，第二类、第三类医疗器械生产，第三类医疗器械经营，化妆品生产等活动的（《食品安全法》第一百二十二条、《药品管理法》第七十二条、《医疗器械监督管理条例》第六十三条、《化妆品卫生监督条例》第二十四条）；

二是明知他人无证生产经营食品，或者无证生产食品添加剂，而为其提供生产经营场所或者其他条件的（《食品安全法》第一百二十二条）；

三是生产、销售假药、劣药的（《药品管理法》第七十三条、第七十四条、第七十五条）；

四是进口或者销售未经批准或者检验的进口化妆品，或者生产、销售不符合国家标准的化妆品的（《化妆品卫生监督条例》第二十六条、第二十七条）；

五是伪造、变造、买卖、出租、出借药品生产经营许可证、药品批准证明文件或者相关医疗器械许可证件的（《药品管理法》第八十一条、《医疗器械监督管理条例》第六十四条）；

六是药品检验机构出具虚假检验报告的（《药品管理法》第八十六条）；

七是食品药品相关法律法规和规章规定应当给予行政处罚的其他情形。

（二）公安机关依法实施行政拘留的情形

有下列情形之一，属于《食品安全法》第一百二十三条规定的“情节严重”，尚不构成犯罪的，公安机关可以对其直接负责的主管人员和其他直接责任人员处5日以上15日以下拘留：

一是违法行为涉及的产品货值金额2万元以上的；

二是违法行为持续时间3个月以上的；

三是造成食源性疾病并出现死亡病例，或者造成30人以上食源性疾病但未出现死亡病例的；

四是因违反食品安全法律、法规受到行政处罚后1年内又实施同一性质的食品安全违法行为，或者受到刑事处罚后又实施食品安全违法行为的；

五是其他情节严重的情形。

（三）依法实施禁业限制的情形

有下列情形之一的，按照现行食品药品相关法律法规的规定，对单位直接负责的主管人员和其他直接责任人员给予一定期限内不得申请行政许可，不得从事食品生产经营管理工作，不得担任食品生产经营企业食品安全管理人员，不得从事药品医疗器械生产经营活动，不得从事食品、医疗器械检验工作等禁业限制：

一是食品生产经营者从事食品安全违法行为，被吊销许可证的（《食品安全法》第一百二十三条、第一百二十四条、第一百二十五条、第一百二十六条、第一百二十八条、第一百三十二条、第一百三十三条、第一百三十四条、第一百三十五条等）；

二是单位从事生产、销售假药及生产、销售劣药情节严重的（《药品管理法》第七十五条）；

三是提供虚假资料或者采取其他欺骗手段取得医疗器械注册证、医疗器械生产许可证、医疗器械经营许可证、广告批准文件等许可证件的（《医疗器械监督管理条例》第六十四条）；

四是医疗器械备案时提供虚假资料，情节严重的（《医疗器械监督管理条例》第六十五条）；

五是医疗器械检验机构出具虚假检验报告的（《医疗器械监督管理条例》第七十条）；

六是行政许可申请人隐瞒有关情况或者提供虚假材料申请行政许可，或者被许可人以欺骗、贿赂等不正当手段取得行政许可的（《中华人民共和国行政许可法》第七十八条、第七十九条）；

七是食品药品相关法律法规规定的给予禁业限制的其他情形。

四、完善部门衔接

（一）加强行政执法与刑事司法衔接

食品药品监督管理部门发现食品药品安全违法行为涉嫌构成以危险方法危害公共安全罪（《刑法》第一百一十四条、第一百一十五条），生产、销售伪劣产品罪（《刑法》第一百四十条），生产、销售假药罪（《刑法》第一百四十一条），生产、销售劣药罪（《刑法》第一百四十二条），生产、销售不符合安全标准的食品罪（《刑法》第一百四十三条），生产、销售有毒、有害食品罪（《刑法》第一百四十四条），生产、销售不符合标准的医用器材罪（《刑法》第一百四十五条），生产、销售不符合卫生标准的化妆品罪（《刑法》第一百四十八条），非法经营罪（《刑法》第二百二十五条），提供虚假证明文件罪（《刑法》第二百二十九条）等犯罪的，按照食品药品监管总局、公安部、最高人民法院、最高人民检察院、国务院食品安全办联合印发的《食品药品行政执法与刑事司法衔接工作办法》（食药监稽〔2015〕271号）执行。

公安机关发现的食品药品安全违法行为，经审查没有犯罪事实，或者立案侦查后认为不需要追究刑事责任，但依法可以行政拘留的，应当及时作出行政拘留的处罚；不属于依法可以行政拘留的情形，但应当追究其他行政法律责任的，应当及时将案件移交同级食品药品监督管理等部门。

（二）加强食品药品监督管理部门行政执法与公安机关行政拘留的衔接

食品药品监督管理部门发现食品安全违法行为属于《食品安全法》第一百二十三条规定的“情节严重”的，应当在作出移送决定后3个工作日内将案件移送至同级公安机关。移送案件时，应当附有下列材料：移送材料清单；案件移送书；案件调查报告；涉案证据材料；涉案物品清单；有关检验报告、检测结论及鉴定、认定意见等材料；其他有关涉案材料等。

公安机关对移送的案件，认为事实清楚、证据确实充分，依法决定行政拘留的，应当在作出决定之日起3个工作日内将决定书抄送案件移送部门。公安机关对移送的案件，认为事实不清、证据不足的，可以在受案后3个工作日内书面告知案件移送部门补充完善相关证据材料，也可以调查取证。公安机关认为不符合行政拘留条件的，应当在受案后5个工作日内书面告知案件移送部门并说明理由，同时退回案卷材料。

五、强化信息全面公开

食品药品监督管理部门、公安机关要全面落实《中华人民共和国政府信息公开条例》的有关要求，严格按照“谁处罚、谁公开”的原则，及时全面公开食品药品相关行政处罚信息。对个人进行处罚的，在行政处罚决定书中依法载明处罚的违法事实、处罚依据、处罚种类等。对单位进行处罚的，在行政处罚决定书中既要载明对单位的处罚，也必须依法载明对直接负责的主管人员和其他直接责任人员的处罚，明确处罚的违法事实、处罚依据、处罚种类等。

县级以上地方食品药品监督管理部门要梳理汇总本行政区域行政处罚决定书中对相关人员作出在一定期限内禁止申请行政许可、禁止从事药品生产经营活动、禁止从事食品生产经营管理工作、禁止担任食品生产经营企业食品安全管理人员等信息，建立数据库备查，并在网站设立专栏，公开相关行政处罚决定书编号、责任人的姓名、违法事实、禁止从事的活动种类及期限等信息。

县级以上地方食品药品监督管理部门要加强与人民法院的沟通协调，主动跟踪食品药品刑事案件的审理进展，收集食品药品犯罪案件判决相关信息。对本行政区域内人民法院司法判决明确相关责任人员在缓刑期限内不得从事食品药品生产、销售及相关活动，或者对食品安全犯罪人员判处有期徒刑以上刑罚的，县级以上地方食品药品监督管理部门要按照行刑衔接机制的要求，及时汇总相关信息，建立数据库备查，并在网站予以公开。公开信息包括刑事判决书编号、责任人的姓名、犯罪事实、所判刑罚以及相应的禁止从事食品药品生产经营活动种类及期限等。

各级食品药品监督管理部门、公安机关要加强沟通协调，充分发挥行政执法与刑事司法衔接信息共享平台的作用，及时录入食品药品违法行为“处罚到人”的信息，积极推进数据共享。

六、加大监督指导力度

食品药品监督管理部门、公安机关要积极采取有效措施，确保食品药品违法行为“处罚到人”的各项措施能够落到实处。上级食品药品监督管理部门、公安机关要加强监督检查，重点检查对自然人的处罚是否落实到位、相关行政处罚信息是否公开、涉及其他部门职责的是否按规定移送等。要加强对食品药品违法行为“处罚到人”的研究指导，认真汇总分析食品药品违法行为“处罚到人”实施中遇到的疑难问题，及时予以研究指导。

[地方司法业务文件]

安徽省高级人民法院　安徽省人民检察院
安徽省公安厅　安徽省司法厅

关于印发《关于刑事案件证人、鉴定人、侦查人员出庭相关问题的指导意见》的通知

2018年2月13日　　皖高法〔2018〕35号

全省各中级、基层人民法院，各市县（区）人民检察院、公安局（分局）、司法局：

为贯彻落实《最高人民法院、最高人民检察院、公安部、国家安全部、司法部关于推进以审判为中心的刑事诉讼制度改革的意见》，完善证人、鉴定人、侦查人员出庭制度，推进庭审实质化，提高刑事案件审判质效，在深入调研论证，广泛征求各方面意见的基础上；安徽省高级人民法院、安徽省人民检察院、安徽省公安厅、安徽省司法厅联合制定了《关于刑事案件证人、鉴定人、侦查人员出庭相关问题的指导意见》。现予以印发，请认真贯彻执行。对于实施情况及遇到的问题，请分别及时报告安徽省高级人民法院、安徽省人民检察院、安徽省公安厅、安徽省司法厅。

附：

关于刑事案件证人、鉴定人、侦查人员出庭相关问题的指导意见

第一条 为贯彻落实《最高人民法院、最高人民检察院、公安部、国家安全部、司法部关于推进以审判为中心的刑事诉讼制度改革的意见》，完善证人、鉴定人、侦查人员出庭制度，推进庭审实质化，提高刑事案件审判质效，根据《中华人民共和国刑事诉讼法》及相关司法解释的规定，结合我省实际，制定本指导意见。

第二条 具有下列情形之一，公诉人、当事人或者辩护人、诉讼代理人对证人证言有异议，人民法院认为有必要的，证人应当出庭作证：

（一）证人证言对案件定罪量刑有重大影响，或者对案件证据链的形成具有关键作用，且证言与在案其他证据存在矛盾的；

（二）证人证言对案件定罪量刑有重大影响，或者对案件证据链的形成具有关键作用，且在侦查、审查起诉阶段多次反复，存在较大矛盾，证人未能作出合理解释的；

（三）证人证言可能影响到被告人自首、立功等量刑情节的认定，但该证人证言未涉及或者所证明的内容不明确，需要进一步核实的；

（四）被告人、辩护人提供的可能证明被告人无罪或罪轻的证人，侦查机关、检察机关虽收到取证的申请，但均未向其取证、核实的；

（五）其他对定罪量刑有重大影响的情形。

第三条 具有下列情形之一，公诉人、当事人或者辩护人、诉讼代理人对鉴定意见有异议，人民法院认为有必要的，鉴定人应当出庭作证：

（一）存在多份鉴定意见，且鉴定意见之间的差异较大、难以取舍的；

（二）对鉴定意见中检材的可鉴定条件、鉴定的依据等有较大争议的；

（三）对鉴定程序的合法性提出异议的；

（四）人民法院认为其他有必要出庭作证的。

第四条 具有下列情形之一，公诉人、当事人或者辩护人、诉讼代理人对涉及侦查活动的相关事实有异议，人民法院认为有必要的，侦查人员应当

出庭：

（一）现有证据材料不能证明证据收集的合法性，需通知有关侦查人员或者其他人员出庭说明情况，并就相关情况接受发问的；

（二）侦查人员当场抓获犯罪嫌疑人，或者接受犯罪嫌疑人投案，且控辩双方对被告人是否具有自首情节存在争议的；

（三）人民法院认为其他有必要出庭的。

第五条 公诉人、当事人或者辩护人、诉讼代理人向人民法院申请通知证人、鉴定人、侦查人员出庭的，应当在开庭五日前，向人法院提交出庭申请书。申请书应当载明证人、鉴定人、侦查人员的姓名、身份等有效信息，同时说明申请理由以及拟证明的案件事实。根据案件审理需要，人民法院可要求申请人补充有关材料。

人民法院收到申请后，就证人、鉴定人、侦查人员出庭的必要性进行审查，决定是否通知上述人员出庭作证，并将决定告知申请方。

第六条 人民法院认为证人、鉴定人、侦查人员符合本规定第三、四条，有必要出庭的，可依职权通知其出庭。

第七条 人民法院依法通知证人、鉴定人、侦查人员出庭的，应当在开庭三日前通知开庭的时间、地点等，并同时告知控辩双方。

无法通知或者证人、鉴定人、侦查人员拒绝出庭作证的，人民法院应当及时告知申请人。

人民法院可以要求申请证人、鉴定人、侦查人员出庭的一方在通知证人、鉴定人、侦查人员出庭过程中提供必要的协助。

第八条 证人具有下列情形之一，人民法院可以准许其不出庭：

（一）在庭审期间身患严重疾病或者行动极为不便的；

（二）居所远离开庭地点且交通极为不便的；

（三）身处境外短期无法回国的；

（四）被告人的配偶、父母及子女；

（五）有其他客观原因，确实无法出庭的。

具有前款规定情形的，确需证人出庭作证的，可以通过视频等式作证。

第九条 经人民法院通知，证人没有正当理由不出庭作证民法院认为确有必要的，可以强制其到庭。

强制证人出庭的，应当由院长签发强制证人出庭令，由司法警察执行，必要时，可以商请公安机关协助执行。

第十条 证人、鉴定人、侦查人员出庭作证时，审判人员应当核实其身份、与当事人以及本案的关系，告知作证的权利义务和法律责任。

出庭作证人员作证前，应当保证向法庭如实提供证言、说明鉴定意见，并在保证书上签名。

第十一条 向证人、鉴定人、侦查人员发问应当分别进行。

向证人、鉴定人、侦查人员发问，应当先由提请通知的一方进行；发问完毕后，经审判长准许，对方也可以发问。控辩双方发问完毕后，审判人员认为必要时，可以询问证人、鉴定人、侦查人员。

人民法院依职权主动通知证人、鉴定人、侦查人员出庭的，应当先由法庭向证人、鉴定人、侦查人员发问；发问完毕后，经审判长准许，控辩双方也可以依次发问，一般先由控方发问，如果证人证言、鉴定人陈述对被告人不利的，也可先由辩方发问。

对于双方争议较大、对事实认定及量刑情节具有关键作用的问题，经审判长许可，也可以交叉发问；

证人、鉴定人、侦查人员经控辩双方发问或者审判人员询问后，审判长应当告知其退庭，不得旁听本案的审理。庭审结束后应当阅看庭审记录中的作证部分，确认无误后签名。

第十二条 向证人发问应当遵循的规则：

（一）发问的内容应当与本案事实有关；

（二）不得以诱导方式发问；

（三）不得威胁证人；

（四）不得损害证人的人格尊严。

前款规定适用于对鉴定人、侦查人员的发问。

第十三条 控辩双方因对方发问方式不当或者内容与本案关而提出异议，申请审判长制止的，审判长应当判明情况予以支持或者驳回；对方未提出异议的，审判长也可以根据情况予以制止。

第十四条 证人当庭作出的证言，经控辩双方质证、法庭查证属实的，应当作为定案的根据。

证人当庭作出的证言与庭前证言矛盾，证人能够作出合理解释，并有相关证据印证的，应当采信庭审证言；不能作出合理解释而庭前证言有相关证据印证的，可以采信庭前证言。

第十五条 对无法通知或经通知有正当理由不能到庭的证人、侦查人员，申请方可将其书面证言作为证据进行举证。人民法院根据控辩双方的质证意见，结合在案证据综合分析后认定。

鉴定人由于不能抗拒的原因或者其他正当理由无法出庭的，人民法院可以根据情况决定延期审理或者重新鉴定。

第十六条 经人民法院通知，证人没有正当理由拒绝出庭或者出庭后拒绝作证，法庭对证言的真实性无法确认的，该证言不得作为定案的根据。

经人民法院通知，鉴定人拒不出庭作证的，鉴定意见不得作为定案的根据。对没有正当理由拒不出庭作证的鉴定人，人民法院应当通报司法行政机关或者有关部门。

第十七条 审判危害国家安全犯罪、恐怖活动犯罪、黑社会性质的组织犯罪、毒品犯罪等案件，作证人员因出庭作证，本人或者其近亲属的人身安全面临危险的，人民法院应当采取不公开其真实姓名、住址和工作单位等个人信息，或者不暴露其外貌、真实声音等保护措施。

第十八条 审判期间作证人员提出保护请求的，人民法院应当立即审查；认为确有保护必要的，应当及时决定采取相应保护措施，必要时，协调人民检察院、公安机关等相关单位和个人配合。

第十九条 证人、鉴定人因出庭作证产生的交通、住宿、就餐等费用，列入人民法院业务经费，予以补助。范围、标准按照《安徽省高级人民法院审理刑事案件证人、鉴定人出庭作证专项经费保障暂行办法》的规定执行。

第二十条 有专门知识的人出庭作证，适用鉴定人出庭作证的相关规定。

第二十一条 本指导意见自下发之日起施行。

山东省高级人民法院

关于印发修订后《常见犯罪量刑指导意见实施细则》的通知

2017年11月2日　　鲁高法〔2017〕110号

各市中级人民法院、济南铁路运输中级法院：

《山东省高级人民法院〈关于常见犯罪的量刑指导意见〉实施细则》已经山东省高级人民法院审判委员会第35次会议修订讨论通过，并报最高人民法院备案，现印发给你们，请认真遵照执行，确保量刑规范化工作全面、深入推进。执行过程遇到的重大疑难问题请及时层报省法院刑事审判第四庭。

附：

山东省高级人民法院

《关于常见犯罪的量刑指导意见》实施细则

（2014年6月9日山东省高级人民法院审判委员会第37次会议讨论通过　根据2017年9月11日山东省高级人民法院审判委员会第35次会议作出修订）

为进一步规范刑罚裁量权，落实宽严相济刑事政策，增强量刑的公开性，实现量刑公正，根据刑法、刑诉法、刑事司法解释及最高人民法院《关于常见犯罪的量刑指导意见》等规定，结合我省审判实践，制定本细则。

一、量刑的指导原则

1. 量刑应当以事实为根据，以法律为准绳，根据犯罪的事实、性质、情节和对于社会的危害程度，决定判处的刑罚。

2. 量刑既要考虑被告人所犯罪行的轻重，又要考虑被告人应负刑事责任的大小，做到罪责刑相适应，实现惩罚和预防犯罪的目的。

3. 量刑应当贯彻宽严相济的刑事政策，做到该宽则宽，当严则严，宽严相济，罚当其罪，确保裁判法律效果和社会效果的统一。

4. 量刑要客观、全面把握不同时期不同地区的经济社会发展和治安形势变化，确保刑法任务的实现；对于同一地区同一时期、案情相近或相似的案件，所判处的刑罚应当基本均衡。

二、量刑的基本方法

量刑时，应以定性分析为主，定量分析为辅，依次确定量刑起点、基准刑和宣告刑。

1. 量刑步骤

（1）根据基本犯罪构成事实在相应的法定刑幅度内确定量刑起点；

（2）根据其他影响犯罪构成的犯罪数额、犯罪次数、犯罪后果等犯罪事实，在量刑起点的基础上增加刑罚量确定基准刑；

（3）根据量刑情节调节基准刑，确定拟宣告刑；

（4）综合考虑全案情况，根据拟宣告刑依法确定宣告刑。

2. 调节基准刑的方法

（1）具有单个量刑情节的，根据量刑情节的调节比例直接调节基准刑，得到拟宣告刑。

（2）具有多个量刑情节的，先适用未成年人犯罪、老年人犯罪、限制行为能力的精神病人犯罪、又聋又哑的人或者盲人犯罪、防卫过当、避险过当、犯罪预备、犯罪未遂、犯罪中止、从犯、胁从犯、教唆犯等罪中量刑情节，采用连乘方法依次调节基准刑；在此基础上，再适用自首、立功、累犯等罪前、罪后量刑情节，采用同向相加、逆向相减方法进行调节。

（3）被告人犯数罪，同时具有适用于各个罪的立功、累犯等量刑情节的，先适用该量刑情节调节个罪的基准刑，确定个罪所应判处的刑罚，再依法实行数罪并罚，决定执行的刑罚。

3. 确定宣告刑的方法

（1）拟宣告刑在法定刑幅度内，且罪责刑相适应的，可以直接确定为宣告刑；如果具有应当减轻处罚情节的，应依法在法定最低刑以下确定宣告刑。

（2）拟宣告刑在法定最低刑以下，具有法定减轻处罚情节，且罪责刑相适应的，可以直接确定为宣告刑；只有从轻处罚情节的，可以依法确定法定最低刑为宣告刑；但是根据案件的特殊情况，经最高人民法院核准的，也可以在法定刑以下判处刑罚。

（3）拟宣告刑在法定最高刑以上的，可以依法确定法定最高刑为宣告刑。

（4）综合考虑全案情况，拟宣告刑与罪责刑不相适应的，独任审判员或合议庭可以在20%的幅度内对拟宣告刑进行调整，确定宣告刑。当调整后的拟宣告刑仍然与罪责刑不相适应的，应当提交审判委员会讨论，依法确定宣告刑。

（5）综合全案犯罪事实和量刑情节，依法应当判处无期徒刑以上刑罚、管制或者单处附加刑的，应当依法判处；犯罪情节轻微，不需要判处刑罚的，可依法免除处罚。

（6）拟判处三年以下有期徒刑、拘役并符合判处缓刑适用条件的，可以依法宣告缓刑；对其中不满十八周岁的人、怀孕的妇女和已满七十五周岁的人，应当宣告缓刑。

（7）确定的宣告刑一般以月为单位。

三、常见量刑情节的适用

量刑时要充分考虑各种法定和酌定量刑情节，根据案件的全部犯罪事实以及量刑情节的不同情形，依法确定量刑情节的适用及其调节比例。对严重暴力犯罪、毒品犯罪等严重危害社会治安犯罪，在确定从宽的幅度时，应当从严掌握；对犯罪较轻的犯罪，应当充分体现从宽。具体确定各个量刑情节的调节比例时，应当综合平衡调节幅度与实际增减刑罚量的关系，确保罪责刑相适应。本节规定的量刑情节，如在“常见犯罪的量刑”中有特别规定的，从其规定。

（一）先适用的量刑情节

1. 对于未成年人犯罪，应当综合考虑未成年人对犯罪的认识能力、实施犯罪行为的动机和目的、犯罪时的年龄、是否初犯、偶犯、悔罪表现、个人成长经历和一贯表现等情况，予以从宽处罚。

（1）已满十四周岁不满十六周岁的未成年人犯罪，应当减少基准刑的30% -60%；

（2）已满十六周岁不满十八周岁的未成年人犯罪，应当减少基准刑的10% -50%。

被告人在年满十八周岁前后实施了同种犯罪行为，应当根据具体犯罪情况确定从宽幅度。但因未成年犯罪所减少的刑罚量不得超过未成年犯罪事实所对应的刑罚量。

未成年犯根据其所犯罪行，可能被判处拘役、三年以下有期徒刑，如果悔罪表现好，并具有“系又聋又哑的人或者盲人；防卫过当或者避险过当；犯罪预备、中止或者未遂；共同犯罪中的从犯、胁从犯；犯罪后自首或者有立功表现；其他犯罪情节轻微不需要判处刑罚”情形之一的，应当依照刑法第三十七条的规定免除处罚。

2. 对于已满七十五周岁的老年人犯罪，综合考虑老年人对犯罪的认识能力、实施犯罪的动机和目的、犯罪时的年龄、犯罪的性质和后果、悔罪表现等情况，予以从宽处罚。

（1）故意犯罪的，可以减少基准刑的40%以下；

（2）过失犯罪的，应当减少基准刑的20% -50%。

3. 对于尚未完全丧失辨认或者控制自己行为能力的精神病人犯罪，综合考虑精神疾病的严重程度、行为人对犯罪的辨认和控制能力、实施犯罪的动机和目的、犯罪的性质和后果、悔罪表现等情况，可以减少基准刑的40%以下。

4. 对于又聋又哑的人或者盲人犯罪，综合考虑行为人对犯罪的认识能力、实施犯罪的动机和目的、盲聋哑的残疾程度、犯罪的性质和后果、悔罪表现等情况，可以减少基准刑的40%以下；犯罪较轻的，可以减少基准刑的40%以上或者依法免除处罚。

5. 对于防卫过当的，应当综合考虑犯罪的性质、防卫过当的程度、造成损害的大小等情况，减少基准刑的50%以上或者依法免除处罚。

6. 对于避险过当的，应当综合考虑犯罪的性质、避险的原因、避险过当的程度、造成损害的大小等情况，减少基准刑的40%以上或者依法免除处罚。

7. 对于预备犯，综合考虑犯罪的性质、预备的程度等情况，可以比照既遂犯减少基准刑的60%以下；犯罪较轻的，可以减少基准刑的60%以上或者依法免除处罚。

8. 对于未遂犯，综合考虑犯罪行为的实行程度、造成损害的大小、犯罪未得逞的原因等情况，可以比照既遂犯从宽处罚。

（1）实行终了的未遂犯，造成损害后果的，可以比照既遂犯减少基准刑的30%以下；未造成损害后果的，可以比照既遂犯减少基准刑的40%以下。

（2）未实行终了的未遂犯，造成损害后果的，可以比照既遂犯减少基准刑的40%以下；未造成损害后果的，可以比照既遂犯减少基准刑的50%以下。

同一罪名数额犯中既有既遂，又有未遂，分别达到不同法定刑幅度的，先决定对未遂部分是否减轻处罚，从而确定未遂部分对应的法定刑幅度，再与既遂部分对应的法定刑幅度进行比较，依照法定刑幅度较重的部分确定量刑起点，其余部分作为增加刑罚量的事实；达到同一量刑幅度的，以既遂部分确定量刑起点，未遂部分作为增加刑罚量的事实。

9. 对于中止犯，应当综合考虑中止犯罪的阶段、自动放弃犯罪的原因以及造成的危害后果大小等情况，比照既遂犯减少基准刑的40%－80%；没有造成损害的，应当免除处罚。

10. 对于从犯，应当综合考虑其在共同犯罪中的地位、作用等情况，减少基准刑的20%－50%；犯罪较轻的，应当减少基准刑的50%以上或者依法免除处罚。

11. 对于共同犯罪中罪责相对较轻的主犯，可以减少基准刑的30%以下。

12. 对于胁从犯，应当综合考虑犯罪的性质、被胁迫的程度以及在共同犯罪中的作用等情况，减少基准刑的40%－60%；犯罪较轻的，减少基准刑的60%以上或者依法免除处罚。

13. 对于教唆犯，综合考虑其在共同犯罪中的地位、作用以及被教唆人是否实施被教唆之罪等情况，予以从宽或者从重处罚。

（1）教唆犯系从犯或者罪责相对较轻的主犯，可以参照第10条、第11条的规定从宽处罚；

（2）教唆不满十八周岁的人犯罪的，应当增加基准刑的10%－30%；

（3）教唆限制行为能力人犯罪的，可以增加基准刑的20%以下；

（4）被教唆人没有实施被教唆之罪的，可以减少基准刑的50%以下。

14. 对于被害人有过错或者对矛盾激化负有责任的，综合考虑被害人过错程度、犯罪的性质和后果等情况，可以减少基准刑的40%以下。

15. 对于犯罪对象为未成年人、老年人、残疾人、孕妇等弱势人员的，综合考虑犯罪的性质、后果等情况，予以从重处罚。

（1）暴力型犯罪的，可以增加基准刑的20%以下；

（2）非暴力型犯罪的，可以增加基准刑的10%以下。

16. 对于在重大自然灾害、预防、控制突发传染病疫情等灾害期间故意犯罪的，根据案件的具体情况，可以增加基准刑的20%以下。

（二）后适用的量刑情节

17. 对于累犯，应当综合考虑前后罪的性质、刑罚执行完毕或赦免以后至再犯罪时间的长短以及前后罪罪行轻重等情况，增加基准刑的10% -40%，一般不少于三个月。

18. 对于有前科的，综合考虑前科的性质、次数、时间间隔长短和处罚轻重等情况，可以增加基准刑的10%以下，但是前科犯罪为过失犯罪、未成年人犯罪的除外。

19. 对于自首情节，综合考虑自首的动机、时间、方式、罪行轻重、如实供述罪行的程度以及悔罪表现等情况，予以从宽处罚。

（1）犯罪事实或犯罪嫌疑人未被司法机关发觉，主动投案自首的，可以减少基准刑的40%以下。

（2）犯罪事实和犯罪嫌疑人已被司法机关发觉，但尚未受到调查谈话、讯问，或者未被采取调查措施或强制措施，主动投案构成自首的，可以减少基准刑的30%以下。

（3）犯罪嫌疑人、被告人如实供述司法机关尚未掌握的不同种罪行，以自首论的，可以减少基准刑的30%以下。

（4）并非出于被告人主动，而是经亲友规劝、陪同投案，或亲友送去投案等情形构成自首的，可以减少基准刑的25%以下。

（5）罪行尚未被司法机关发觉，仅因形迹可疑被有关组织或司法机关盘问、教育后，主动交代自己的罪行构成自首的，可以减少基准刑的25%以下。

（6）其他类型的自首，可以减少基准刑的20%以下。

（7）犯罪较轻的自首，减少基准刑的调节比例可以突破上述规定的从宽上限或者依法免除处罚。

恶意利用自首规避法律制裁等不足以从宽处罚的，可以不予从宽处理。

20. 对于犯罪后积极抢救被害人的，综合考虑犯罪性质、抢救效果、人身损害后果等情况，可以减少基准刑的20%以下。

21. 对于坦白情节，综合考虑如实供述罪行的阶段、程度、罪行轻重以及悔罪程度等情况，确定从宽的幅度。

（1）如实供述自己罪行的，可以减少基准刑的20%以下；

（2）如实供述司法机关尚未掌握的同种较重罪行的，可以减少基准刑的10%－30%；

（3）因如实供述罪行，避免特别严重后果发生的，可以减少基准刑的30%－50%；

（4）揭发同案犯共同犯罪事实的，可以减少基准刑的10%以下。

22. 对于当庭自愿认罪的，根据犯罪的性质、罪行的轻重、认罪程度以及悔罪表现等情况，可以减少基准刑的10%以下，依法认定自首、坦白的除外。

23. 对于立功情节，综合考虑立功的大小、次数、内容、来源、效果以及罪行轻重等情况，确定从宽的幅度。

（1）一般立功的，可以减少基准刑的20%以下。

（2）重大立功的，可以减少基准刑的20%－50%；犯罪较轻的，可以减少基准刑的50%以上或者依法免除处罚。

24. 对于退赃、退赔的，综合考虑犯罪性质，退赃、退赔行为对损害结果所能弥补的程度，退赃、退赔的数额及主动程度等情况，可以减少基准刑的30%以下；其中抢劫等严重危害社会治安犯罪的应从严掌握。

25. 对于积极赔偿被害人经济损失并取得谅解的，综合考虑犯罪性质、赔偿数额、赔偿能力以及认罪、悔罪程度等情况，可以减少基准刑的40%以下；积极赔偿但没有取得谅解的，可以减少基准刑的30%以下；尽管没有赔偿，但取得谅解的，可以减少基准刑的20%以下；其中抢劫、强奸等严重危害社会治安犯罪的应从严掌握。

26. 对于当事人根据刑事诉讼法第二百七十七条达成和解协议的，综合考虑犯罪性质、和解原因以及认罪、悔罪程度等情况，可以减少基准刑的50%以下；犯罪较轻的，可以减少基准刑的50%以上或者依法免除处罚。

四、常见犯罪的量刑

在具体案件中，确定量刑起点，要考虑基本犯罪构成事实的社会危害性、被告人的主观恶性及社会治安状况等综合因素；确定基准刑，要根据其他影响犯罪构成犯罪事实的社会危害性增加相应刑罚量，做到罪责刑相适应。具有两种以上基本犯罪构成事实的，一般以危害较重的确定量刑起点，其他作为增加刑罚量的犯罪事实。基准刑不得超过法定刑幅度最高刑，但法定刑幅度包含无期徒刑以上刑罚的，基准刑可以超过十五年有期徒刑。

（一）交通肇事罪

1. 三年以下量刑幅度的量刑起点和基准刑：

（1）死亡一人或者重伤三人，负事故全部责任的，在一年六个月至二年有期徒刑幅度内确定量刑起点。重伤每增加一人，增加六个月刑期；轻伤每增加一人，增加三个月刑期。

死亡一人或者重伤三人，负事故主要责任的，在一年至一年六个月幅度内确定量刑起点。重伤每增加一人，增加三个月至五个月刑期；轻伤每增加一人，增加二个月至三个月刑期。

（2）死亡三人、负事故同等责任的，在一年六个月至二年有期徒刑幅度内确定量刑起点。死亡每增加一人，增加一年刑期；重伤每增加一人，增加三个月刑期；轻伤每增加一人，增加一个月刑期。

（3）造成公共财产或者他人财产直接损失，无能力赔偿数额达到 30 万元，负事故全部责任的，在一年至一年六个月有期徒刑幅度内确定量刑起点。每增加 5 万元，增加三个月刑期。

造成公共财产或者他人财产直接损失，无能力赔偿数额达到 30 万元，负事故主要责任的，在六个月拘役至一年有期徒刑幅度内确定量刑起点。每增加 5 万元，增加三个月刑期。

（4）重伤一人、负事故全部责任，并且具有最高人民法院《关于审理交通肇事刑事案件具体应用法律若干问题的解释》（以下简称交通肇事解释》）第二条第二款所规定的“酒后、吸食毒品后驾驶机动车辆；无驾驶资格驾驶机动车辆；明知是安全装置不全或者安全机件失灵的机动车辆而驾驶；明知是无牌证或者已报废的机动车辆而驾驶；严重超载驾驶；为逃避法律追究逃离事故现场”六种情形之一的，在六个月拘役至一年六个月有期徒刑幅度内确定量刑起点。重伤每增加一人，增加六个月至一年刑期；轻伤每增加一人，增加二个月至三个月刑期。

重伤一人，负事故主要责任并且具有《交通肇事解释》第二条第二款规定的六种情形之一的，在三个月拘役至一年三个月有期徒刑幅度内确定量刑起点。重伤每增加一人，增加三个月至六个月刑期；轻伤每增加一人，增加一个月至二个月刑期。

（5）其他增加刑罚量，确定基准刑的情形。

2. 三年以上七年以下量刑幅度的量刑起点和基准刑：

（1）死亡一人或者重伤三人、负事故全部责任，且肇事后逃逸的，在四年至五年有期徒刑幅度内确定量刑起点。重伤每增加一人，增加一年刑期；轻伤每增加一人，增加六个月刑期。

死亡一人或者重伤三人、负事故主要责任，且肇事后逃逸的，在三年至四年有期徒刑幅度内确定量刑起点。重伤每增加一人，增加六个月至九个月刑期；轻伤每增加一人，增加二个月至三个月刑期。

（2）死亡三人、负事故同等责任，且肇事后逃逸的，在四年至五年有期徒刑幅度内确定量刑起点。死亡每增加一人，增加一年六个月刑期；重伤每增加一人，增加六个月刑期。

（3）造成公共财产或者他人财产直接损失，无能力赔偿数额达到 30 万元，负事故全部责任且肇事后逃逸的，在三年六个月至四年有期徒刑幅度内确定量刑起点。每增加 10 万元，增加三个月刑期。

造成公共财产或者他人财产直接损失，无能力赔偿数额达到 30 万元，负事故主要责任且肇事后逃逸的，在三年至三年六个月有期徒刑幅度内确定量刑起点。每增加 10 万元，增加三个月刑期。

（4）重伤一人、负事故全部责任，具有《交通肇事解释》第二条第二款（一）至（五）项情形之一，且肇事后逃逸的，在三年六个月至四年六个月有期徒刑幅度内确定量刑起点。重伤每增加一人，增加一年至二年刑期；轻伤每增加一人，增加三个月至四个月刑期。

重伤一人、负事故主要责任，具有《交通肇事解释》第二条第二款（一）至（五）项情形之一，且肇事后逃逸的，在三年至三年六个月有期徒刑幅度内确定量刑起点。重伤每增加一人，增加六个月至一年刑期；轻伤每增加一人，增加二个月至三个月刑期。

（5）死亡二人、负事故全部责任的，在四年至五年有期徒刑幅度内确定量刑起点。死亡每增加一人，增加一年六个月刑期；重伤每增加一人，增加六个月刑期；轻伤每增加一人，增加二个月刑期。

死亡二人、负事故主要责任的，在三年至四年有期徒刑幅度内确定量刑起点。死亡每增加一人，增加一年至一年三个月刑期；重伤每增加一人，增加三个月至五个月刑期；轻伤每增加一人，增加一个月至二个月刑期。

（6）重伤五人、负事故全部责任的，在四年至五年有期徒刑幅度内确定量刑起点。重伤每增加一人，增加六个月刑期；轻伤每增加一人，增加二个月刑期。

重伤五人、负事故主要责任的，在三年至四年有期徒刑幅度内确定量刑起点。重伤每增加一人，增加三个月至五个月刑期；轻伤每增加一人，增加一个月至二个月刑期。

（7）死亡六人、负事故同等责任的，在四年至五年有期徒刑幅度内确定量刑起点。死亡每增加一人，增加一年刑期；重伤每增加一人，增加三个月刑期；轻伤每增加一人，增加一个月刑期。

（8）造成公共财产或者他人财产直接损失，负事故全部责任，无能力赔偿数额达到60万元的，在三年六个月至四年有期徒刑幅度内确定量刑起点。每增加10万元，增加三个月刑期。

（9）符合本条（5）至（8）项情形之一，同时具有逃逸情节的，增加一年至二年刑期。

（10）其他增加刑罚量，确定基准刑的情形。

3. 七年以上量刑幅度的量刑起点和基准刑：

因逃逸致一人死亡的，在八年至九年有期徒刑幅度内确定量刑起点。死亡每增加一人，增加三年至四年刑期；其他增加刑罚量，确定基准刑的情形，参照上述规定。

4. 有下列情形之一的，可以增加基准刑的20%以下，但同时具有两种以上情形的，累计不超过基准刑的50%（已在确定基准刑时评价的除外）：

（1）酒后、吸食毒品后驾驶机动车辆的，或者在道路上驾驶机动车追逐竞驶，情节恶劣的；

（2）无驾驶资格驾驶机动车辆的；

（3）明知是安全装置不全或者安全机件失灵的机动车辆而驾驶的；

（4）明知是无牌证或者已报废的机动车辆而驾驶的；

（5）严重超载驾驶的；

（6）交通肇事造成恶劣社会影响的；

（7）其他可以从重处罚的情形。

(二) 故意伤害罪

1. 构成故意伤害罪的，根据下列不同情形在相应的幅度内确定量刑起点：

(1) 故意伤害致一人轻伤的，轻伤二级的，在一年至一年六个月有期徒刑幅度内确定量刑起点；轻伤一级的，在一年六个月至二年有期徒刑幅度内确定量刑起点。

(2) 故意伤害致一人重伤的，重伤二级的，在三年至四年有期徒刑幅度内确定量刑起点；重伤一级的，在四年至五年有期徒刑幅度内确定量刑起点。

(3) 以特别残忍的手段故意伤害致一人重伤，造成六级严重残疾的，在十一年至十三年有期徒刑幅度内确定量刑起点。依法应当判处无期徒刑以上刑罚的除外。

下列手段致被害人身体器官缺损、身体器官明显畸形、身体器官中等功能障碍、造成严重并发症等情形，造成六级以上严重残疾的，可以认定为“特别残忍手段”：故意挖眼、割耳、鼻、挑筋、砍手足、剜髌骨的；故意用刀划面部、用硫酸等腐蚀性液体毁人容貌的；电击、烧烫他人隐私或要害部位的；其他特别残忍手段。

2. 在量刑起点的基础上，根据伤害后果、伤残等级、手段残忍程度等其他犯罪事实增加刑罚量，确定基准刑：

(1) 每增加一人轻微伤，增加一个月至二个月刑期。

(2) 每增加一人轻伤，轻伤二级的，增加六个月至一年刑期；轻伤一级的，增加一年至一年六个月刑期。

(3) 每增加一人重伤，重伤二级的，增加二年至三年刑期；重伤一级的，增加三年至四年刑期。

(4) 造成被害人六级至三级残疾，每增加一级残疾，增加一年至一年六个月刑期；造成被害人残疾程度超过三级的，每增加一级残疾，增加二年至二年六个月刑期。

(5) 使用刀具等锐器、棍棒等钝器伤人的，每次犯罪增加一个月至三个月刑期；使用枪支伤人的，每次犯罪增加六个月至一年刑期。事先准备或者携带上述工具并使用的，在增加刑期幅度内从重考虑。

(6) 其他增加刑罚量，确定基准刑的情形。

3. 有下列情形之一的，可以增加基准刑的20%以下：

(1) 蓄意报复伤害他人的；

（2）雇佣他人实施伤害行为的；

（3）因实施其他违法活动而故意伤害他人的；

（4）其他可以从重处罚的情形。

（三）强奸罪

1. 构成强奸罪的，根据下列不同情形在相应的幅度内确定量刑起点：

（1）强奸妇女一人一次，在四年至六年有期徒刑幅度内确定量刑起点。

（2）奸淫幼女一人一次，在五年至七年有期徒刑幅度内确定量刑起点。

（3）具有下列情形之一的，在十一年至十三年有期徒刑幅度内确定量刑起点：强奸妇女、奸淫幼女情节恶劣的；强奸妇女、奸淫幼女三人的；在公共场所当众强奸的；二人以上轮奸的；强奸致被害人重伤或者造成其他严重后果的。依法应当判处无期徒刑以上刑罚的除外。

2. 在量刑起点的基础上，根据强奸妇女、奸淫幼女情节恶劣程度、强奸人数、致人伤害后果等其他犯罪事实增加刑罚量，确定基准刑：

（1）强奸妇女每增加一人，增加二年至二年六个月刑期。

（2）奸淫幼女每增加一人，增加二年六个月至四年刑期。

（3）每增加一人轻微伤，增加三个月至六个月刑期。每增加一人轻伤，轻伤二级的，增加一年至一年六个月刑期；轻伤一级的，增加一年六个月至二年刑期。每增加一人重伤，重伤二级的，增加三年至三年六个月刑期；重伤一级的，增加四年至四年六个月刑期。

（4）造成被害人六级至三级残疾，每增加一级残疾，增加一年至一年六个月刑期；造成被害人残疾程度超过三级的，每增加一级残疾，增加二年至二年六个月刑期。

（5）每增加刑法第二百三十六条规定的五种情形之一（不含“致使被害人重伤的”），增加三年至五年刑期。

（6）其他增加刑罚量，确定基准刑的情形。

3. 强奸妇女具有下列情形之一的，可以从重处罚，但同时具有两种以上情形的，累计增加基准刑不超过100%：

（1）持管制刀具、枪支等凶器强奸或者以非法拘禁、捆绑、虐待等方法强奸的，增加基准刑的30%以下。

（2）利用亲属、职务、管理等特殊身份关系强奸妇女的，增加基准刑的30%以下。

（3）强奸同一名妇女二次以上的，增加基准刑的10%－50%。

（4）明知妇女怀孕而强奸的，增加基准刑的10%－50%。

（5）三人以上轮奸的，根据人数增加基准刑的10%－50%。

（6）其他可以从重处罚的情形。

4. 强奸未成年人或者奸淫幼女具有下列情形之一，可以增加基准刑的40%以下，但同时具有两种以上情形的，累计不超过基准刑的100%：

（1）对未成年人负有特殊职责的人员、与未成年人有共同家庭生活关系的人员、国家工作人员或者冒充国家工作人员强奸或者奸淫幼女的。

（2）进入未成年人住所、学生宿舍实施强奸或者奸淫幼女的。

（3）对不满十二周岁的儿童、农村留守儿童、严重残疾或者精神智力发育迟滞的未成年人实施强奸或者奸淫幼女的。

（4）采取暴力、胁迫、麻醉等强制手段实施奸淫幼女犯罪的。

（5）其他可以从重处罚的情形。

（四）非法拘禁罪

1. 构成非法拘禁罪的，根据下列不同情形在相应的幅度内确定量刑起点：

（1）非法拘禁一人一次、犯罪情节一般的，在六个月拘役至九个月有期徒刑幅度内确定量刑起点。

（2）非法拘禁致一人重伤的，在四年至四年六个月有期徒刑幅度内确定量刑起点。

（3）非法拘禁致一人死亡的，在十二年至十三年有期徒刑幅度内确定量刑起点。

2. 在量刑起点的基础上，根据非法拘禁人数、拘禁时间、致人伤亡后果等其他犯罪事实增加刑罚量，确定基准刑：

（1）非法拘禁时间超过二十四小时的，每增加二十四小时，增加一个月刑期，但增加的总刑期一般不超过一年六个月。

（2）非法拘禁每增加一人，增加三个月至六个月刑期。

（3）每增加一人轻微伤，增加一个月至二个月刑期。每增加一人轻伤，轻伤二级的，增加六个月至九个月刑期；轻伤一级的，增加一年至一年三个月刑期。每增加一人重伤，重伤二级的，增加二年至二年六个月刑期；重伤一级的，增加三年至三年六个月刑期。

（4）造成被害人六级至三级残疾，每增加一级残疾，增加一年至一年六个月刑期；造成被害人残疾程度超过三级的，每增加一级残疾，增加二年至二年六个月刑期。

（5）每增加一人死亡，增加五年至六年刑期。

（6）其他增加刑罚量，确定基准刑的情形。

3. 有下列情形之一的，可以增加基准刑的20%以下，但同时具有两种以上情形的，累计增加基准刑不超过100%：

（1）具有殴打、侮辱、虐待情节的；

（2）国家工作人员利用职权非法拘禁的；

（3）冒充军警人员、司法人员非法拘禁的；

（4）持枪支、管制刀具或者其他凶器非法拘禁的；

（5）为索取高利贷、赌债等法律不予保护的债务而非法拘禁的；

（6）因参与传销非法拘禁他人的；

（7）其他可以从重处罚的情形。

4. 为索取合法债务、争取合法权益而非法拘禁的，可以减少基准刑的30%以下。

（五）抢劫罪

1. 三年以上十年以下量刑幅度的量刑起点和基准刑：

（1）抢劫一次的，在四年至五年有期徒刑幅度内确定量刑起点。抢劫两次的，再增加二年至三年刑期。

（2）抢劫数额达到或者每增加1千元，增加一个月刑期。

（3）每增加一人轻微伤，增加二个月至三个月刑期。每增加一人轻伤，轻伤二级的，增加一年至一年六个月刑期；轻伤一级的，增加一年六个月至二年刑期。

（4）持枪支以外的管制刀具或者其他凶器抢劫的，增加六个月至一年刑期。

（5）其他增加刑罚量，确定基准刑的情形。

2. 十年以上量刑幅度的量刑起点和基准刑：

（1）具有下列情形之一的，在十一年至十三年有期徒刑幅度内确定量刑起点：入户抢劫的；在公共交通工具上抢劫的；抢劫银行或者其他金融机构的；抢劫三次或者抢劫数额达到6万元的；抢劫致一人重伤的；冒充军警人员抢劫的；持枪抢劫的；抢劫军用物资或者抢险、救灾、救济物资的。每增加一种情形，增加二年至三年刑期。依法应当判处无期徒刑以上刑罚的除外。

（2）每增加一次抢劫，增加一年至一年六个月刑期。

（3）抢劫数额超过6万元的，每增加3万至4万元，增加一年刑期。

（4）每增加一人轻微伤，增加二个月至三个月刑期。每增加一人轻伤，轻伤二级的，增加一年至一年六个月刑期；轻伤一级的，增加一年六个月至二年刑期。每增加一人重伤，重伤二级的，增加三年至三年六个月刑期；重伤一级的，增加四年至四年六个月刑期。

（5）造成被害人六级至三级残疾，每增加一级残疾，增加一年至一年六个月刑期；造成被害人残疾程度超过三级的，每增加一级残疾，增加二年至二年六个月刑期。

（6）持枪支以外的管制刀具或者其他凶器抢劫的，增加六个月至一年刑期。

（7）其他增加刑罚量，确定基准刑的情形。

3. 有下列情形之一的，可以增加基准刑的20%以下：

（1）为吸毒、赌博等违法活动而实施抢劫的；

（2）在公共场所当众实施抢劫的；

（3）三人以上结伙或者流窜实施抢劫的；

（4）其他可以从重处罚的情形。

4. 有下列情形之一的，可以减少基准刑的20%以下：

（1）抢劫家庭成员或者近亲属财物的；

（2）转化型抢劫的；

（3）其他可以从轻处罚的情形。

（六）盗窃罪

1. 三年以下量刑幅度的量刑起点和基准刑：

（1）盗窃数额不满2千元，但两年内三次盗窃的，入户盗窃的，携带凶器盗窃的，或者扒窃的，具有任意一种情形，在三个月拘役至九个月有期徒刑幅度内确定量刑起点。每增加一种情形，增加三个月刑期。盗窃次数每增加一次，增加一个月刑期，累计增加刑期不得超过三个月。

（2）盗窃数额达到1千元、不满2千元，且具有两高《关于办理盗窃刑事案件适用法律若干问题的解释》（以下简称《盗窃解释》）第二条所规定“曾因盗窃受过刑事处罚的；一年内曾因盗窃受过行政处罚的；组织、控制未成年人盗窃的；自然灾害、事故灾害、社会安全事件等突发事件期间，在事件发生地盗窃的；盗窃残疾人、孤寡老人、丧失劳动能力人的财物的；在医院盗窃病人或者其亲友财物的；盗窃救灾、抢险、防汛、优抚、扶贫、移民、救济款物的；因盗窃造成严重后果的”八种情形之一的，在三个月拘役至九个月有期徒刑幅度内确定量刑起点。

（3）盗窃数额达到2千元，在三个月拘役至九个月有期徒刑幅度内确定量刑起点。每增加2千元，增加一个月刑期。

（4）盗窃国有馆藏一般文物1件，在六个月拘役至一年有期徒刑幅度内确定量刑起点。每增加1件馆藏一般文物，增加一年刑期。

（5）其他增加刑罚量，确定基准刑的情形。

盗窃数额虽已达到2千元数额较大标准，但行为人认罪、悔罪，退赃、退赔，且具有下列情形之一，情节轻微的，可依法免除处罚：具有法定从宽处罚情节的；没有参与分赃或者获赃较少且不是主犯的；被害人谅解的；其他情节轻微、危害不大的。

2. 三年以上十年以下量刑幅度的量刑起点和基准刑：

（1）盗窃数额达到3万元、不满6万元，且具有《盗窃解释》第二条第（三）至（八）项规定六种情形之一的，或者入户盗窃的、携带凶器盗窃的，可以认定为“其他严重情节”，在三年至四年有期徒刑幅度内确定量刑起点。

（2）盗窃数额达到6万元，在三年至四年有期徒刑幅度内确定量刑起点。每增加5千元，增加一个月刑期。

（3）盗窃国有馆藏一般文物3件，或者三级文物1件的，在三年至四年有期徒刑幅度内确定量刑起点。每增加1件一般文物，增加一年刑期；每增加1件三级文物，增加三年刑期。

（4）其他增加刑罚量，确定基准刑的情形。

3. 十年以上量刑幅度的量刑起点和基准刑：

（1）盗窃数额达到20万元、不满40万元，且具有《盗窃解释》第二条第（三）至（八）项规定六种情形之一的，或者入户盗窃的、携带凶器盗窃的，可以认定为“其他特别严重情节”，在十年至十二年有期徒刑幅度内确定量刑起点。

（2）盗窃数额达到40万元的，在十年至十二年有期徒刑幅度内确定量刑起点。每增加20万至40万元，增加一年刑期。依法应当判处无期徒刑的除外。

（3）盗窃国有馆藏三级文物3件，或者二级以上文物1件的，在十年至十二年有期徒刑幅度内确定量刑起点。每增加1件一般文物，增加六个月至一年刑期；每增加1件三级文物，增加二年至三年刑期；每增加1件一级以上文物，增加三年以上刑期。

（4）其他增加刑罚量，确定基准刑的情形。

4. 有下列情形之一的，可以从重处罚，但同时具有两种以上情形的，累计增加基准刑不超过100%（已在确定基准刑时评价的除外）：

（1）多次盗窃、入户盗窃、携带凶器盗窃、扒窃或者具有《盗窃解释》第二条第（三）至（八）项规定“组织、控制未成年人盗窃的；自然灾害、事故灾害、社会安全事件等突发事件期间，在事件发生地盗窃的；盗窃残疾人、孤寡老人、丧失劳动能力人的财物的；在医院盗窃病人或者其亲友财物的；盗窃救灾、抢险、防汛、优抚、扶贫、移民、救济款物的；因盗窃造成严重后果的”六种情形之一的，可以增加基准刑的30%以下，每增加一种情形，再累次增加基准刑的10%以下。

（2）采用破坏性手段盗窃财物造成财产损失的，可以根据损失情况增加基准刑的30%以下。

（3）为吸毒、赌博等违法活动而实施盗窃的，可以增加基准刑的20%以下。

（4）其他可以从重处罚的情形。

5. 有下列情形之一的，可以从宽处罚：

（1）因生活所迫、学习、治病急需而盗窃的，可以减少基准刑的20%以下。

（2）在案发前主动将赃款赃物放回原处未造成丢失或归还失主的，可以减少基准刑的50%以下。

（3）盗窃家庭成员或近亲属财物，作犯罪处理的，可以减少基准刑的60%以下；犯罪较轻的，可以减少基准刑的60%以上。

（4）其他可以从轻处罚的情形。

（七）诈骗罪

1. 三年以下量刑幅度的量刑起点和基准刑：

（1）诈骗数额达到6千元的，在六个月至一年有期徒刑幅度内确定量刑起点。

（2）诈骗数额每增加3千元，增加一个月刑期。

（3）其他增加刑罚量，确定基准刑的情形。

诈骗数额虽已达到6千元数额较大标准，但具有下列情形之一，且认罪、悔罪的，可依法免除处罚：具有法定从宽处罚情节的；一审宣判前全部退赃、退赔的；没有参与分赃或者获赃较少且不是主犯的；被害人谅解的；其他情节轻微、危害不大的。

2. 三年以上十年以下量刑幅度的量刑起点和基准刑：

（1）诈骗数额达到7万元不满8万元，且具有两高《关于办理诈骗刑事案件具体应用法律若干问题的解释》（以下简称《诈骗解释》）第二条所规定的"通过发送短信、拨打电话或者利用互联网、广播电视、报刊杂志等发布虚假信息，对不特定多数人实施诈骗的；诈骗救灾、抢险、防汛、优抚、扶贫、移民、救济、医疗款物的；以赈灾募捐名义实施诈骗的；诈骗残疾人、老年人或者丧失劳动能力人的财物的；造成被害人自杀、精神失常或者其他严重后果"五种情形之一的，或者属于诈骗集团首要分子的，应当认定为刑法第二百六十六条规定的"其他严重情节"，在三年至四年有期徒刑幅度内确定量刑起点

（2）诈骗数额达到8万元的，在三年至四年有期徒刑幅度内确定量刑起点。每增加5千元，增加一个月刑期。

（3）其他增加刑罚量，确定基准刑的情形。

3. 十年以上量刑幅度的量刑起点和基准刑：

（1）诈骗数额达到45万元、不满50万元，且具有《诈骗解释》第二条规定的五种情形之一的，或者属于诈骗集团首要分子的，应当认定为刑法第二百六十六条规定的"其他特别严重情节"，在十年至十二年有期徒刑幅度内确定量刑起点。

（2）诈骗数额达到50万元的，在十年至十二年有期徒刑幅度内确定量刑起点。每增加3万至5万元，增加一个月刑期。依法应当判处无期徒刑的除外。

（3）其他增加刑罚量，确定基准刑的情形。

4. 有下列情形之一的，可以从重处罚，但同时具有两种以上情形的，累计增加基准刑不超过100%（已在确定基准刑时评价的除外）：

（1）多次诈骗，或者属于诈骗集团首要分子，或者具有《诈骗解释》第二条规定的“通过发送短信、拨打电话或者利用互联网、广播电视、报刊杂志等发布虚假信息，对不特定多数人实施诈骗的；诈骗救灾、抢险、防汛、优抚、扶贫、移民、救济、医疗款物的；以赈灾募捐名义实施诈骗的；诈骗残疾人、老年人或者丧失劳动能力人的财物的；造成被害人自杀、精神失常或者其他严重后果”五种情形之一的，可以增加基准刑的30%以下，每增加一种情形，再累次增加基准刑的10%以下。

（2）为吸毒、赌博等违法活动而实施诈骗的，可以增加基准刑的20%以下。

（3）其他可以从重处罚的情形。

5. 有下列情形之一的，可以从宽处罚：

（1）因生活所迫、学习、治病急需而诈骗的，可以减少基准刑的20%以下。

（2）诈骗家庭成员或近亲属财物，确有追究刑事责任必要的，可以减少基准刑的60%以下；犯罪较轻的，可以减少基准刑的60%以上。

（3）其他可以从轻处罚的情形。

（八）抢夺罪

1. 三年以下量刑幅度的量刑起点和基准刑：

（1）抢夺数额不满2千元，但两年内三次抢夺的，在六个月拘役至一年有期徒刑幅度内确定量刑起点。抢夺次数每增加一次，增加一个月刑期，累计增加刑期不超过三个月。

（2）抢夺数额达到1千元不满2千元，且具有两高《关于办理抢夺刑事案件适用法律若干问题的解释》（以下简称《抢夺解释》）第二条规定的“曾因抢劫、抢夺或者聚众哄抢受过刑事处罚的；一年内曾因抢夺或者哄抢受过行政处罚的；一年内抢夺三次以上的；驾驶机动车、非机动车抢夺的；组织、控制未成年人抢夺的；抢夺老年人、未成年人、孕妇、携带婴幼儿的人、残疾人、丧失劳动能力人的财物的；在医院抢夺病人或者其亲友财物的；抢夺救灾、抢险、防汛、优抚、扶贫、移民、救济款物的；自然灾害、事故灾害、社会安全事件等突发事件期间，在事件发生地抢夺的；导致他人轻伤或者精神失常等严重后果的”十种情形之一的，在六个月拘役至一年有期徒刑幅度内确定量刑起点。

(3) 抢夺数额达到2千元，在六个月拘役至一年有期徒刑幅度内确定量刑起点。每增加2千元，增加一个月刑期。

(4) 每增加一人轻微伤，增加一个月至二个月刑期。每增加一人轻伤，轻伤二级的，增加六个月至一年刑期；轻伤一级的，增加一年至一年六个月刑期。

(5) 其他增加刑罚量，确定基准刑的情形。

抢夺数额虽已达到2千元数额较大标准，但未造成轻伤以上伤害，行为人系初犯，认罪、悔罪，退赃、退赔，且具有下列情形之一的，可以认定为情节轻微，依法免除处罚：具有法定从宽处罚情节的；没有参与分赃或者获赃较少，且不是主犯的；被害人谅解的；其他情节轻微危害不大的。

2. 三年以上十年以下量刑幅度的量刑起点和基准刑：

(1) 抢夺导致他人重伤的，或者导致他人自杀的，或者抢夺数额达到2.5万元、不满5万元，且具有《抢夺解释》第二条第（三）至（十）项规定八种情形之一的，应当认定为刑法第二百六十七条规定的“其他严重情节”，在三年至四年有期徒刑幅度内确定量刑起点。

(2) 抢夺数额达到5万元的，在三年至四年有期徒刑幅度内确定量刑起点。每增加3千至4千元，增加一个月刑期。

(3) 每增加一人轻微伤，增加一个月至二个月刑期。每增加一人轻伤，轻伤二级的，增加六个月至一年刑期；轻伤一级的，增加一年至一年六个月刑期。每增加一人重伤，重伤二级的，增加二年至三年刑期，重伤一级的，增加三年至四年刑期。

(4) 抢夺造成被害人六级至三级残疾的，每增加一级残疾，增加六个月至一年刑期；造成被害人三级以上残疾的，每增加一级残疾，增加一年至二年刑期。

(5) 其他增加刑罚量，确定基准刑的情形。

3. 十年以上量刑幅度的量刑起点和基准刑：

(1) 抢夺导致他人死亡，或者抢夺数额达到15万元、不满30万元，且具有《抢夺解释》第二条第（三）至（十）项规定八种情形之一的，应当认定为刑法第二百六十七条规定的“其他特别严重情节”，在十年至十二年有期徒刑幅度内确定量刑起点。

(2) 抢夺数额达到30万元的，在十年至十二年有期徒刑幅度内确定量刑起点。每增加1万至2万元，增加一个月刑期。

（3）每增加一人轻微伤，增加一个月至二个月刑期。每增加一人轻伤，轻伤二级的，增加六个月至一年刑期；轻伤一级的，增加一年至一年六个月刑期。每增加一人重伤，重伤二级的，增加二年至三年刑期；重伤一级的，增加三年至四年刑期。

（4）其他增加刑罚量，确定基准刑的情形。

4. 有下列情形之一的，可以从重处罚，但同时具有两种以上情形的，累计增加基准刑不超过100%（已在确定基准刑时评价的除外）：

（1）多次抢夺或者具有《抢夺解释》第二条第（四）至（十）项规定“驾驶机动车、非机动车抢夺的；组织、控制未成年人抢夺的；抢夺老年人、未成年人、孕妇、携带婴幼儿的人、残疾人、丧失劳动能力人的财物的；在医院抢夺病人或者其亲友财物的；抢夺救灾、抢险、防汛、优抚、扶贫、移民、救济款物的；自然灾害、事故灾害、社会安全事件等突发事件期间，在事件发生地抢夺的；导致他人轻伤或者精神失常等严重后果的”情形之一的，可以增加基准刑的30%以下，每增加一种情形，再累次增加基准刑的10%以下。

（2）为吸毒、赌博等违法活动而实施抢夺的，可以增加基准刑的20%以下。

（3）其他可以从重处罚的情形。

5. 有下列情形之一的，可以从宽处罚：

（1）因生活所迫、学习、治病急需而抢夺的，可以减少基准刑的20%以下。

（2）其他可以从轻处罚的情形。

（九）职务侵占罪

1. 五年以下量刑幅度的量刑起点和基准刑：

职务侵占数额达到6万元的，在六个月至一年有期徒刑幅度内确定量刑起点。每增加2万元，增加一个月刑期。

2. 五年以上量刑幅度的量刑起点和基准刑：

职务侵占数额达到100万元的，在五年至六年有期徒刑幅度内确定量刑起点。犯罪数额为600万以下的，每增加10万元，增加一个月刑期；犯罪数额超过600万元的，超过部分每增加50万元，增加一个月刑期。

3. 有下列情形之一的，可以从重处罚，但同时具有两种以上情形的，累计增加基准刑不超过 100%（已在确定基准刑时评价的除外）：

（1）职务侵占行为严重影响生产经营或者造成其他严重损失或者影响恶劣的，增加基准刑的 30% 以下。

（2）职务侵占用于预防、控制突发传染病疫情等灾害款物的，增加基准刑的 20% 以下。

（3）多次职务侵占的，增加基准刑的 20% 以下。

（4）在企业改制、破产、重组过程中进行职务侵占的，增加基准刑的 20% 以下。

（5）职务侵占救灾、抢险、防汛、优抚、扶贫、移民、救济、捐助、社会保险、教育、征地、拆迁等专项款项和物资的，增加基准刑的 20% 以下。

（6）职务侵占的款项用于吸毒、赌博、非法经营、行贿、走私等违法犯罪活动的，增加基准刑的 20% 以下。

（7）其他可以从重处罚的情形。

（十）敲诈勒索罪

1. 三年以下量刑幅度的量刑起点和基准刑：

（1）敲诈勒索数额不满 3 千元，但两年内三次敲诈勒索的，在六个月拘役至一年有期徒刑幅度内确定量刑起点。敲诈勒索次数每增加一次，增加一个月刑期，累计增加刑期不得超过三个月。

（2）敲诈勒索数额达到 1500 元不满 3 千元，且具有两高《关于办理敲诈勒索刑事案件适用法律若干问题的解释》（以下简称《敲诈勒索解释》）第二条规定所规定“曾因敲诈勒索受过刑事处罚的；一年内曾因敲诈勒索受过行政处罚的；对未成年人、残疾人、老年人或者丧失劳动能力人敲诈勒索的；以将要实施放火、爆炸等危害公共安全犯罪或者故意杀人、绑架等严重侵犯公民人身权利犯罪相威胁敲诈勒索的；以黑恶势力名义敲诈勒索的；利用或者冒充国家机关工作人员、军人、新闻工作者等特殊身份敲诈勒索的；造成其他严重后果的”七种情形之一的，在六个月拘役至一年有期徒刑幅度内确定量刑起点。

（3）敲诈勒索数额达到 3 千元的，在六个月拘役至一年有期徒刑幅度内确定量刑起点。每增加 2 千元，增加一个月刑期。

（4）其他增加刑罚量，确定基准刑的情形。

敲诈勒索数额虽已达到 3 千元数额较大标准，但行为人认罪、悔罪，退赃、退赔，并具有下列情形之一的，可以认定为犯罪情节轻微，予以免除处罚：具有法定从宽处罚情节的；没有参与分赃或者获赃较少且不是主犯的；被害人谅解的；其他情节轻微、危害不大的。

2. 三年以上十年以下量刑幅度的量刑起点和基准刑：

（1）敲诈勒索数额达到4.8万元不满6万元，且具有《敲诈勒索解释》第二条第（三）至（七）项规定五种情形之一的，可以认定为刑法第二百七十四条规定的“其他严重情节”，在三年至四年有期徒刑幅度内确定量刑起点。

（2）敲诈勒索数额达到6万元的，在三年至四年有期徒刑幅度内确定量刑起点。每增加5千元，增加一个月刑期。

（3）其他增加刑罚量，确定基准刑的情形。

3. 十年以上量刑幅度的量刑起点和基准刑：

（1）敲诈勒索数额达到32万元不满40万元，且具有《敲诈勒索解释》第二条第（三）至（七）项规定五种情形之一的，可以认定为刑法第二百七十四条规定的“其他特别严重情节”，在十年至十二年有期徒刑幅度内确定量刑起点。

（2）敲诈勒索数额达到40万元的，在十年至十二年有期徒刑幅度内确定量刑起点。每增加3万至5万元，增加一个月刑期。

（3）其他增加刑罚量，确定基准刑的情形。

4. 有下列情形之一的，可以从重处罚，但同时具有两种以上情形的，累计增加基准刑不超过100%（已在确定基准刑时评价的除外）：

（1）具有多次敲诈勒索或者《敲诈勒索解释》第二条第（三）至（七）项规定“对未成年人、残疾人、老年人或者丧失劳动能力人敲诈勒索的；以将要实施放火、爆炸等危害公共安全犯罪或者故意杀人、绑架等严重侵犯公民人身权利犯罪相威胁敲诈勒索的；以黑恶势力名义敲诈勒索的；利用或者冒充国家机关工作人员、军人、新闻工作者等特殊身份敲诈勒索的；造成其他严重后果的”五种情形之一的，增加基准刑的30%以下，每增加一种情形，再累次增加基准刑的10%以下。

（2）为吸毒、赌博等违法活动而敲诈勒索的，增加基准刑的20%以下。

（3）其他可以从重处罚的情形。

5. 有下列情形之一的，可以从宽处罚：

（1）敲诈勒索近亲属财物，获得谅解的，一般不认为是犯罪；认定为犯罪的，可以减少基准刑的30－70%。

（2）因生活所迫、学习、治病急需而敲诈勒索的，可以减少基准刑的20%以下。

（3）其他可以从轻处罚的情形。

（十一）妨害公务罪

1. 构成妨害公务罪，犯罪情节一般、社会影响不大、犯罪后果较轻的，在六个月至一年有期徒刑幅度内确定量刑起点；犯罪情节较重、社会影响较大的，在一年至二年有期徒刑幅度内确定量刑起点。

2. 在量刑起点的基础上，根据妨害公务造成的后果、犯罪情节严重程度等其他犯罪事实增加刑罚量，确定基准刑：

（1）每增加一次妨害公务犯罪，增加六个月至一年刑期。

（2）每增加一人轻微伤，增加二个月至三个月刑期。每增加一人轻伤，轻伤二级的，增加六个月至一年刑期；轻伤一级的，增加一年至一年六个月刑期。

（3）毁损财物数额每增加2千至3千元，增加一个月刑期。

（4）持械妨害公务的，增加三个月至六个月刑期。

（5）造成交通堵塞、公共秩序混乱的，增加三个月至六个月刑期。

（6）其他增加刑罚量，确定基准刑的情形。

3. 暴力袭击正在依法执行职务的人民警察的，可以增加基准刑的10%—30%。

4. 有下列情形之一的，可以增加基准刑的20%以下：

（1）系煽动群众阻碍依法执行职务、履行职责的首要分子；

（2）妨害公务造成恶劣社会影响的；

（3）其他可以从重处罚的情形。

5. 因执行公务不规范而导致妨害公务犯罪发生的，可以减少基准刑的20%以下。

（十二）聚众斗殴罪

1. 构成聚众斗殴罪的，根据下列不同情形在相应的幅度内确定量刑起点：

（1）聚众斗殴一次，犯罪情节一般的，在一年至二年有期徒刑幅度内确定量刑起点。

（2）有下列情形之一的，在三年至四年有期徒刑幅度内确定量刑起点：聚众斗殴3次的；聚众斗殴人数超过20人，社会影响恶劣的；在公共场所或者交通要道聚众斗殴，造成社会秩序严重混乱的；持械聚众斗殴的。每增加一种情形，增加一年至二年刑期。

2. 在量刑起点的基础上，根据聚众斗殴人数、次数、手段、伤害后果等其他犯罪事实增加刑罚量，确定基准刑：

（1）聚众斗殴一方人数达到5人不满10人的，增加三个月至六个月刑期；达到10人不满20人的，增加六个月至一年刑期。

（2）聚众斗殴每增加一次，增加六个月至一年刑期。

（3）每增加一人轻微伤，增加一个月至二个月刑期。每增加一人轻伤，轻伤二级的，增加六个月至一年刑期；轻伤一级的，增加一年至一年六个月刑期。

（4）聚众斗殴造成交通堵塞、公共秩序混乱的，增加三个月至六个月刑期。

（5）其他增加刑罚量，确定基准刑的情形。

3. 有下列情形之一的，可以增加基准刑的20%以下：

（1）组织未成年人聚众斗殴的；

（2）聚众斗殴造成公私财物较大损失的；

（3）其他可以从重处罚的情形。

4. 因民间矛盾、纠纷引发聚众斗殴的，可以减少基准刑的30%以下。

（十三）寻衅滋事罪

1. 五年以下量刑幅度的量刑起点和基准刑：

（1）随意殴打他人，破坏社会秩序，具有两高《关于办理寻衅滋事刑事案件适用法律若干问题的解释》（以下简称《寻衅滋事解释》）第二条所规定“致一人以上轻伤或者二人以上轻微伤的；引起他人精神失常、自杀等严重后果的；多次随意殴打他人的；持凶器随意殴打他人的；随意殴打精神病人、残疾人、流浪乞讨人员、老年人、孕妇、未成年人，造成恶劣社会影响的；在公共场所随意殴打他人，造成公共场所秩序严重混乱的；其他情节恶劣的情形”的七种情形之一，在一年六个月至三年有期徒刑幅度内确定量刑起点。每增加一种情形，增加六个月至一年刑期。

随意殴打他人超过三次的，每增加一次，增加六个月至一年刑期；每增加一人轻微伤，增加二个月至四个月刑期，每增加一人轻伤，轻伤二级的，增加六个月至一年刑期，轻伤一级的，增加一年至一年六个月刑期；其他增加刑罚量确定基准刑的情形，参照上述规定。

（2）追逐、拦截、辱骂、恐吓他人，破坏社会秩序，具有《寻衅滋事解释》第三条所规定“多次追逐、拦截、辱骂、恐吓他人，造成恶劣社会影响的；持凶器追逐、拦截、辱骂、恐吓他人的；追逐、拦截、辱骂、恐吓精神病人、残疾人、流浪乞讨人员、老年人、孕妇、未成年人，造成恶劣社会影响的；引起他人精神失常、自杀等严重后果的；严重影响他人的工作、生活、生产、经营的；其他情节恶劣的情形”的六种情形之一，在一年至三年有期徒刑幅度内确定量刑起点。每增加一种情形，增加六个月至一年刑期。

追逐、拦截、辱骂、恐吓他人超过三次的，每增加一次，增加六个月至一年刑期；其他增加刑罚量确定基准刑的情形，参照上述规定。

（3）强拿硬要或者任意损毁、占用公私财物，破坏社会秩序，具有《寻衅滋事解释》第四条所规定“强拿硬要公私财物价值一千元以上，或者任意毁损、占用公私财物价值二千元以上的；多次强拿硬要或者任意损毁、占用公私财物，造成恶劣社会影响的；强拿硬要或者任意损毁、占用精神病人、残疾人、流浪乞讨人员、老年人、孕妇、未成年人的财物，造成恶劣社会影响的；引起他人精神失常、自杀等严重后果的；严重影响他人的工作、生活、生产、经营的；其他情节恶劣的情形”六种情形之一，在一年至三年有期徒刑幅度内确定量刑起点。每增加一种情形，增加六个月至一年刑期。

强拿硬要或者任意损毁、占用公私财物超过三次的，每增加一次，增加六个月至一年刑期；强拿硬要公私财物超过一千元的，每增加一千元，增加一个月刑期；任意毁损、占用公私财物超过二千元的，每增加二千元，增加一个月刑期；其他增加刑罚量确定基准刑的情形，参照上述规定。

（4）在车站、码头、机场、医院、商场、公园、影剧院、展览会、运动场或者其他公共场所起哄闹事，造成公共场所秩序严重混乱的，在一年至三年有期徒刑幅度确定量刑起点。

（5）行为人同时具有两种以上寻衅滋事行为的，应当以较重的一种寻衅滋事行为确定量刑起点，以其他寻衅滋事行为作为增加刑罚量的犯罪事实。

（6）犯罪情节轻微，行为人认罪、悔罪，主动退赔退赃或者积极赔偿被害人损失，取得被害人谅解的，可依法免除处罚。

2. 五年以上量刑幅度的量刑起点和基准刑：

（1）纠集他人实施寻衅滋事犯罪达到三次，未经处理的，在五年至六年有期徒刑幅度内确定量刑起点。

（2）在量刑起点的基础上，根据寻衅滋事次数、伤害后果、强拿硬要他人财物或者任意损毁、占用公私财物数额等犯罪事实增加刑罚量，确定基准刑。增加刑罚量的标准参照本罪第1条的规定。

3. 有下列情形之一的，可以增加基准刑的20%以下：

（1）带有黑社会性质或者恶势力性质的；

（2）纠集未成年人寻衅滋事的；

（3）其他可以重处罚的情形。

（十四）掩饰、隐瞒犯罪所得、犯罪所得收益罪

1. 三年以下量刑幅度的量刑起点和基准刑：

（1）掩饰、隐瞒犯罪所得、犯罪所得收益具有下列情形之一的，可以在三个月拘役至六个月有期徒刑幅度内确定量刑起点：掩饰、隐瞒犯罪所得及其产生的收益价值达到5千元的；一年内曾因掩饰、隐瞒犯罪所得及其产生的收益行为受过行政处罚，又实施掩饰、隐瞒犯罪所得及其产生的收益行为的；掩饰、隐瞒的犯罪所得系电力设备、交通设施、广播电视设施、公用电信设施、军用设施或者救灾、抢险、防汛、优抚、扶贫、移民、救济款物的；掩饰、隐瞒行为致使上游犯罪无法及时查处，并造成公私财物损失无法挽回的；实施其他掩饰、隐瞒犯罪所得及其产生的收益行为，妨碍司法机关对上游犯罪进行追究的。掩饰、隐瞒犯罪所得、犯罪所得收益数额每增加3千元，增加一个月刑期；其他增加刑罚量确定基准刑的情形，参照上述规定。

（2）明知是盗窃、抢劫、诈骗、抢夺的机动车而掩饰、隐瞒机动车1辆的，在六个月至一年有期徒刑幅度内确定量刑起点。每增加1辆机动车，增加三个月至六个月刑期；其他增加刑罚量确定基准刑的情形，参照上述规定。

（3）既有掩饰、隐瞒犯罪所得机动车的行为，又有掩饰、隐瞒其他犯罪所得、犯罪所得收益行为的，以较重的行为确定量刑起点，以其他犯罪行为作为增加刑罚量确定基准刑的犯罪事实。

2. 三年以上七年以下量刑幅度的量刑起点和基准刑：

（1）掩饰、隐瞒犯罪所得、犯罪所得收益具有下列情形之一的，可以在三年至四年有期徒刑幅度内确定量刑起点：掩饰、隐瞒犯罪所得、犯罪所得收

益价值总额达到 10 万元的；掩饰、隐瞒犯罪所得及其产生的收益十次以上，或者三次以上且价值总额达到 5 万元以上的；掩饰、隐瞒的犯罪所得系电力设备、交通设施、广播电视设施、公用电信设施、军用设施或者救灾、抢险、防汛、优抚、扶贫、移民、救济款物，价值总额达到 5 万元的；掩饰、隐瞒行为致使上游犯罪无法及时查处，并造成公私财物重大损失无法挽回或其他严重后果的；实施其他掩饰、隐瞒犯罪所得及其产生的收益行为，严重妨碍司法机关对上游犯罪进行追究的。犯罪数额每增加 3 万至 5 万元，增加一个月刑期；其他增加刑罚量确定基准刑的情形，参照上述规定。

（2）明知是盗窃、抢劫、诈骗、抢夺的机动车而掩饰、隐瞒达到 5 辆的，在三年至四年有期徒刑幅度内确定量刑起点。每增加 1 辆机动车，增加三个月至六个月刑期；其他增加刑罚量确定基准刑的情形，参照上述规定。

（3）既有掩饰、隐瞒犯罪所得机动车的行为，又有掩饰、隐瞒其他犯罪所得、犯罪所得收益行为的，以较重的行为确定量刑起点，以其他犯罪行为作为增加刑罚量确定基准刑的犯罪事实。

3. 有列情形之一的，可以增加基准刑的 20% 以下（已在确定基准刑时评价的除外）：

（1）多次掩饰、隐瞒犯罪所得、犯罪所得收益或者以掩饰、隐瞒其他犯罪所得、犯罪所得收益行为的为业的；

（2）犯罪对象涉及国家安全、公共安全或重大公共利益的；

（3）其他可以从重处罚的情形。

（十五）走私、贩卖、运输、制造毒品罪

1. 三年以下量刑幅度的量刑起点和基准刑：

（1）走私、贩卖、运输、制造鸦片不满 20 克，海洛因或者甲基苯丙胺不满 I 克或者其他极少量毒品的（见附件《常见毒品数量对照表》，下同），在三个月拘役至九个月有期徒刑幅度内确定量刑起点和基准刑。

（2）走私、贩卖、运输、制造鸦片达到 20 克、不满 200 克，海洛因或者甲基苯丙胺达到 1 克、不满 10 克，或者其他少量毒品的，在九个月至一年有期徒刑幅度内确定量刑起点。鸦片每增加 8 克，海洛因或者甲基苯丙胺每增加 0.4 克，或者其他毒品每增加一定数量，增加一个月刑期。

（3）其他增加刑罚量，确定基准刑的情形。

2. 三年以上七年以下量刑幅度的量刑起点和基准刑：

（1）走私、贩卖、运输、制造鸦片不满20克，海洛因或者甲基苯丙胺不满1克，或者其他极少量毒品，同时具有最高人民法院《关于审理毒品犯罪案件适用法律若干问题的解释》（以下简称《毒品案件解释》）第四条所规定的“向多人贩卖毒品或者多次走私、贩卖、运输、制造毒品的；在戒毒场所、监管场所贩卖毒品的；向在校学生贩卖毒品的；组织、利用残疾人、严重疾病患者、怀孕或者正在哺乳自己婴儿的妇女走私、贩卖、运输、制造毒品的；国家工作人员走私、贩卖、运输、制造毒品的；其他情节严重的情形”六种情形之一的，认定为情节严重的，在三年至三年六个月有期徒刑幅度内确定量刑起点。

（2）走私、贩卖、运输、制造鸦片达到20克、不满200克，海洛因或者甲基苯丙胺达到1克、不满10克，或者其他少量毒品，同时具有《毒品案件解释》第四条所规定的六种情形之一，认定为情节严重的，在三年六个月至四年有期徒刑幅度内确定量刑起点。鸦片每增加5克，海洛因或者甲基苯丙胺每增加0.25克，或者其他毒品每增加相应数量，增加一个月刑期。其他增加刑罚量，确定基准刑的情形，参照上述规定。

3. 七年以上十五年以下量刑幅度的量刑起点和基准刑：

走私、贩卖、运输、制造鸦片200克，海洛因或者甲基苯丙胺10克，或者其它毒品数量较大的（见附件），量刑起点为七年至八年有期徒刑。鸦片每增加10克，海洛因或者甲基苯丙胺每增加0.5克，或者其他毒品每增加相应数量，增加一个月刑期；其他增加刑罚量，确定基准刑的情形，参照上述规定。

4. 十五年以上量刑幅度的量刑起点和基准刑：

（1）走私、贩卖、运输、制造鸦片1千克，海洛因或者甲基苯丙胺50克，或者其它毒品数量大的（见附件），量刑起点为十五年有期徒刑。

（2）具有下列情形之一的，量刑起点为十五年有期徒刑：走私、贩卖、运输、制造毒品集团的首要分子；武装掩护走私、贩卖、运输、制造毒品的；以暴力抗拒检查、拘留、逮捕，情节严重的；参与有组织的国际贩毒活动的。

（3）其他增加刑罚量，确定基准刑的情形。

（4）依法应当判处无期徒刑以上刑罚的适用《山东省高级人民法院关于部分毒品犯罪案件刑罚适用的指导意见》的相关规定。

5. 有下列情形之一的，可以从重处罚，但同时具有两种以上情形的，累计增加基准刑不超过100%（已在确定基准刑时评价的除外）：

（1）向多人贩卖毒品或者多次走私、贩卖、运输、制造毒品的；

（2）在戒毒场所、监管场所贩卖毒品的；

（3）向在校学生贩卖毒品的；

（4）组织、利用残疾人、严重疾病患者、怀孕或者正在哺乳自己婴儿的妇女走私、贩卖、运输、制造毒品的；

（5）国家工作人员走私、贩卖、运输、制造毒品的；

（6）教唆、利用未成年人走私、贩卖、运输、制造毒品的；

（7）系毒品再犯的（已评价为累犯的除外）

（8）其他可以从重处罚的情形。

6. 具有下列情形之一的，可以减少基准刑的30%以下：

（1）毒品含量明显偏低的；

（2）存在数量引诱的；

（3）有吸毒情节，将购买或查扣毒品计入贩毒数量的；

（4）受指使、雇佣或者被诱骗运输毒品的；

（5）其他可以从轻处罚的情节。

五、附则

1. 本细则仅规范上列十五种犯罪判处有期徒刑、拘役的案件，其他判处有期徒刑、拘役的案件，可以参照量刑指导原则、基本方法和常见量刑情节的适用规范量刑。

2. 本细则所称以上、以下，均包括本数。

3. 本实施细则将随法律、司法解释、刑事司法政策及最高人民法院的规定适时作出调整。调整前，新颁布的法律、司法解释与本实施细则不一致的，适用新的法律、司法解释。

4. 本细则自印发之日起实施，原实施细则同时废止。

5. 本细则由山东省高级人民法院负责解释。

附件：常见毒品数量对照表（略）

山东省高级人民法院

关于印发《常见犯罪量刑指导意见（二）实施细则（试行）》的通知

2017年11月2日　　　　鲁高法〔2017〕111号

青岛市中级人民法院、淄博市中级人民法院、济南市市中区人民法院、德州市德城区人民法院：

《山东省高级人民法院〈关于常见犯罪的量刑指导意见（二）〉实施细则（试行）》已经山东省高级人民法院审判委员会第35次会议讨论通过，现印发给你们，请结合工作实际认真做好试行试点工作，注重总结经验、创新方法、完善机制、查找不足，为全省全面推进量刑规范化罪名扩大试点工作作出有益探索。执行过程中遇到的重大疑难问题请及时层报省法院刑事审判第四庭。

附：

山东省高级人民法院

《关于常见犯罪的量刑指导意见（二）》实施细则（试行）

（2017年9月11日山东省高级人民法院审判委员会第35次会议讨论通过）

为深入推进量刑规范化改革，进一步扩大量刑规范化范围，根据刑法、刑事司法解释、最高人民法院《关于常见犯罪的量刑指导意见（二）（试行）》等规定，结合刑事审判实践，制定本细则。

一、危险驾驶罪

1. 醉酒驾驶机动车，血液酒精含量达到80毫克/100毫升的，在一个月至二个月拘役幅度内确定量刑起点。

在量刑起点的基础上，根据血液酒精含量、机动车类型、车辆行驶环境、行车速度、是否造成实际损害等其他影响犯罪构成的犯罪事实增加刑罚量，确定基准刑：（1）血液酒精每增加80毫克/100毫升，增加一个月刑期。（2）发生道路交通事故，负事故主要、全部责任或者逃逸的，尚未构成其他犯罪的，增加一个月刑期。在此基础上，发生交通事故造成轻伤、轻微伤或者五万元以上不满十万元经济损失的，增加一个月刑期；造成重伤及以上后果或者十万元以上经济损失的，增加二个月刑期。（3）醉酒驾驶机动车具有下列情形之一的，增加一个月至二个月刑期：①在高速公路、城市快速路上驾驶的；②驾驶载有乘客的营运机动车的；③有严重超员、超载或者超速驾驶，无驾驶资格驾驶机动车，使用伪造或者变造的机动车牌证等严重违反道路交通安全法的行为的；④逃避公安机关依法检查，或者拒绝、阻碍公安机关依法检查尚未构成其他犯罪的；⑤曾因酒后驾驶机动车受过行政处罚或者刑事追究的；⑥在诉讼期间拒不到案或者逃跑的。（4）其他增加刑罚量，确定基准刑的情形。

2. 从事校车业务或者旅客运输，有下列严重超过额定乘员载客情形之一的，量刑起点为一个月拘役：①驾驶大型载客汽车，载客超过额定乘员50%以上或者超过额定乘员15人以上的。在此基础上，载客超过额定乘员比例每增加15%或者超过额定乘员4人以上，增加一个月刑期。②驾驶中型载客汽车，载客超过额定乘员80%以上或者超过额定乘员10人以上的。在此基础上，载客超过额定乘员比例每增加20%或者超过额定乘员3人以上，增加一个月刑期。③驾驶小型、微型载客汽车，载客超过额定乘员100%以上或者超过额定乘员7人以上的。在此基础上，载客超过额定乘员比例每增加30%或者超过额定乘员2人以上，增加一个月刑期。

从事校车业务或者旅客运输，有下列严重超过规定时速行驶情形之一的，量刑起点为一个月拘役：①在高速公路、城市快速路上行驶，超过规定时速50%且行驶速度达到90公里/小时的。在此基础上，超过规定时速比例每增加20%且行驶速度达到110公里/小时，增加一个月刑期。②在高速公路、城市快速路以外的道路上行驶，超过规定时速100%且行驶速度达到60公里/小时的。在此基础上，超过规定时速比例每增加30%且行驶速度达到80公里/小时，增加一个月刑期。③通过铁路道口或者设有窄路、窄桥、急弯路、调头、转弯、下陡坡、傍山险路、连续下坡、连续弯路、注意路面结冰等标志的道路，或者遇雾、雨、雪、沙尘、冰雹等能见度在50米以内的不利气象条件时，超过规定时速50%且行驶速度达到30公里/小时的。在此基础上，超过规定时速比例每增加20%且行驶速度达到60公里/小时，增加一个月刑期。

3. 在道路上驾驶机动车，追逐竞驶，情节恶劣的，在一个月至二个月拘役幅度内确定量刑起点。在此基础上，根据行车速度、车辆行驶环境、参与竞速车辆多少、造成实际损害大小等其他影响犯罪构成的犯罪事实增加刑罚量，确定基准刑。

4. 违反运输危险化学品安全管理规定运输危险化学品，危及公共安全的，在一个月至二个月拘役幅度内确定量刑起点。在此基础上，根据违规严重程度、造成实际损害大小等其他影响犯罪构成的犯罪事实增加刑罚量，确定基准刑。

5. 醉酒驾驶机动车，具有以下情节的从严掌握缓刑的适用：①造成他人轻伤及以上后果，负事故主要、全部责任或者逃逸的；②在高速公路上醉酒驾驶的；③醉酒驾驶校车、大型客车、危险品运输车的；④在被查处过程中有逃跑、抗拒检查、让人顶替等行为的；⑤在诉讼中，拒不到案或者逃跑的；⑥曾因酒后驾驶机动车受过行政处罚或刑事追究的；⑦血液酒精含量达到200毫克/100毫升以上的；⑧其他从严适用缓刑的情形。

二、非法吸收公众存款罪

1. 法定刑在三年以下有期徒刑、拘役幅度的量刑起点和基准刑。

具有下列情形之一的，在六个月拘役至一年有期徒刑幅度内确定量刑起点：

（1）个人非法吸收或者变相吸收公众存款数额在20万以上的，单位非法吸收或者变相吸收公众存款数额在100万元以上的；

（2）个人非法吸收或者变相吸收公众存款30人以上的，单位非法吸收或者变相吸收公众存款150人以上的；

（3）个人非法吸收或者变相吸收公众存款，给存款人造成直接经济损失数额在10万元以上的，单位非法吸收或者变相吸收公众存款，给存款人造成直接经济损失数额在50万元以上的；

（4）造成恶劣社会影响或者其他严重后果的。

在量刑起点的基础上，根据非法吸收或者变相吸收公众存款的数额、给存款人造成的直接经济损失数额等其他影响犯罪构成的犯罪事实增加刑罚量，确定基准刑。有下列情形之一的，增加相应的刑罚量：

（1）个人非法吸收或者变相吸收公众存款，犯罪数额每增加3万元，增加一个月刑期；单位非法吸收或者变相吸收公众存款，犯罪数额每增加15万元，对直接负责的主管人员和其他直接责任人员增加一个月刑期。个人非法吸收或者变相吸收公众存款每增加3人，单位非法吸收或者变相吸收公众存款每增加12人，增加一个月刑期。

（2）个人非法吸收或者变相吸收公众存款，给存款人造成直接经济损失的数额每增加1.5万元，增加一个月刑期；单位非法吸收或者变相吸收公众存款，给存款人造成直接经济损失的数额每增加7万元，对直接负责的主管人员和其他直接责任人员增加一个月刑期。

犯罪数额、存款人数量和直接经济损失数额不得同时用以增加刑罚量，二者数额均明确的，以确定刑罚量更重的标准计算。

2. 法定刑在三年以上十年以下有期徒刑幅度的量刑起点和基准刑。

具有下列情形之一的，在三年至四年有期徒刑幅度内确定量刑起点：

（1）个人非法吸收或者变相吸收公众存款数额在100万元以上的，单位非法吸收或者变相吸收公众存款数额在500万元以上的；

（2）个人非法吸收或者变相吸收公众存款对象100人以上的，单位非法吸收或者变相吸收公众存款对象500人以上的；

（3）个人非法吸收或者变相吸收公众存款，给存款人造成直接经济损失数额在50万元以上的，单位非法吸收或者变相吸收公众存款，给存款人造成直接经济损失数额在250万元以上的；

（4）造成特别恶劣社会影响或者其他特别严重后果的。

在量刑起点的基础上，根据非法吸收或者变相吸收公众存款的数额、给存款人造成的直接经济损失数额等其他影响犯罪构成的犯罪事实增加刑罚量，确定基准刑。有下列情形之一的，增加相应的刑罚量：

（1）个人非法吸收或者变相吸收公众存款，犯罪数额超过100万元不满3000万元的，每增加60万元，增加一个月刑期；超过3000万元的，超过部分每增加500万元，增加一个月至两个月刑期。

（2）单位非法吸收或者变相吸收公众存款，犯罪数额超过500万元不满1.5亿元的，每增加300万元，对直接负责的主管人员和其他直接责任人员增加一个月刑期；超过1.5亿元的，超过部分每增加2500万元，对直接负责的主管人员和其他直接责任人员增加一个月至两个月刑期。

（3）个人非法吸收或者变相吸收公众存款，给存款人造成直接经济损失的数额每增加30万元，增加一个月刑期。

（4）单位非法吸收或者变相吸收公众存款，给存款人造成直接经济损失的数额每增加150万元，对直接负责的主管人员和其他直接责任人员增加一个月刑期。

案件的犯罪数额和直接经济损失数额不得同时用以增加刑罚量，二者数额均明确的，以确定刑罚量更重的标准计算。

3. 非法吸收或者变相吸收公众存款，人数超过量刑起点规定人数的50%或造成集资参与人自杀、精神失常等严重后果的，可以增加基准刑的20%以下。

4. 非法吸收或者变相吸收公众存款，根据案发前后已归还的数额，可以减少基准刑的40%以下。

5. 非法吸收或者变相吸收公众存款，主要用于正常的生产经营活动，能够及时清退所吸收资金，可以免予刑事处罚；情节显著轻微的，不作为犯罪处理。

6. 为他人向社会公众非法吸收资金提供帮助，从中收取代理费、好处费、返点费、佣金、提成等费用，构成共同犯罪，能够及时退缴上述费用的，可以依法从轻处罚，其中情节轻微的，可以免除处罚；情节显著轻微危害不大的，不作为犯罪处理。

三、集资诈骗罪

1. 法定刑在五年以下有期徒刑、拘役幅度的量刑起点和基准刑。

个人进行集资诈骗，犯罪数额达到10万元的，在六个月拘役至一年有期徒刑幅度内确定量刑起点。

单位进行集资诈骗，犯罪数额达到50万元的，对直接负责的主管人员和其他直接责任人员，在六个月拘役至一年有期徒刑幅度内确定量刑起点。

在量刑起点的基础上，个人犯罪数额每增加4千元，增加一个月刑期；单位犯罪数额每增加2万元，对直接负责的主管人员和其他直接责任人员增加一个月刑期。

2. 法定刑在五年以上十年以下有期徒刑幅度的量刑起点和基准刑。

个人进行集资诈骗，犯罪数额达到30万元的，在五年至六年有期徒刑幅度内确定量刑起点。

个人集资诈骗数额达到24万元不满30万元，并有下列情形之一的，可以认定为“其他严重情节”，在五年至六年有期徒刑幅度内确定量刑起点：①假冒国家机关或者公益性组织实施集资诈骗的；②造成被害人自杀、精神失常或者其他严重后果的；③被害人主要为残疾人、老年人或者丧失劳动能力人的。

单位进行集资诈骗，犯罪数额达到150万元的，对直接负责的主管人员和其他直接责任人员，在五年至六年有期徒刑幅度内确定量刑起点。

单位集资诈骗数额达到120万元不满150万元，并有本条第2款规定情形之一的，可以认定为“其他严重情节”，在五年至六年有期徒刑幅度内确定量刑起点。

在量刑起点的基础上，个人集资诈骗数额每增加1.5万元，增加一个月刑期；单位集资诈骗数额每增加7万元，对直接负责的主管人员和其他直接责任人员增加一个月刑期。

3. 法定刑在十年以上有期徒刑幅度的量刑起点和基准刑。

个人进行集资诈骗，犯罪数额达到100万元的，在十年至十一年有期徒刑幅度内确定量刑起点。

个人集资诈骗数额达到80万元不满100万元，并有本罪第2条第2款规定情形之一的，可以认定为“其他特别严重情节”，在十年至十一年有期徒刑幅度内确定量刑起点。

单位进行集资诈骗，犯罪数额达到500万元的，对直接负责的主管人员和其他直接责任人员，可以在十年至十一年有期徒刑幅度内确定量刑起点。

单位集资诈骗数额达到400万元不满500万元，并有本罪第2条第2款规定情形之一的，可以认定为“其他特别严重情节”，在十年至十一年有期徒刑幅度内确定量刑起点。

在量刑起点的基础上，个人集资诈骗数额达到100万元不满800万元的，每增加20万元，增加一个月刑期；超过800万元的，超过部分每增加50万元，增加一个月刑期。单位集资诈骗数额达到500万元不满4000万元的，每增加100万元，对直接负责的主管人员和其他直接责任人员增加一个月刑期；超过4000万元的，超过部分每增加250万元，对直接负责的主管人员和其他直接责任人员增加一个月刑期。

4. 有下列情形之一的，可以增加基准刑的20%以下，但同时具有两种以上情形的，累计不超过基准刑的100%（已在确定基准刑时评价的除外）：

（1）个人集资诈骗100人以上的，或者单位集资诈骗200人以上的；

（2）系组织领导犯罪集团首要分子的；

（3）假冒国家机关或者公益性组织实施集资诈骗的；

（4）为实施违法犯罪活动而进行集资诈骗或者将赃款用于非法活动的；

（5）被害人主要或者有相当数量为残疾人、老年人或者丧失劳动能力人的；

（6）造成被害人自杀、精神失常或者其他严重后果的；

（7）其他可以从重处罚的情形。

5. 有下列情形之一的，可以从宽处罚：

（1）案发后涉案赃款、赃物被司法机关扣押，被害人损失绝大部分被挽回的，可以减少基准刑的20%以下。

（2）积极退赃退赔，避免或者减少损失结果发生的，可以减少基准刑的40%以下。

（3）其他可以从轻处罚的情形。

四、信用卡诈骗罪

1. 法定刑在五年以下有期徒刑、拘役幅度的量刑起点和基准刑。

使用伪造的信用卡、使用以虚假的身份证明骗领的信用卡、使用作废的信用卡或者冒用他人信用卡，进行信用卡诈骗活动，犯罪数额达到5千元的，在三个月拘役至六个月有期徒刑幅度内确定量刑起点。犯罪数额每增加1千元，增加一个月刑期。

恶意透支，犯罪数额达到1万元的，在三个月拘役至六个月有期徒刑幅度内确定量刑起点。犯罪数额每增加2千元，增加一个月刑期。

2. 法定刑在五年以上十年以下有期徒刑幅度的量刑起点和基准刑。

使用伪造的信用卡、使用以虚假的身份证明骗领的信用卡、使用作废的信用卡或者冒用他人信用卡，进行信用卡诈骗活动，犯罪数额达到5万元的，在五年至六年有期徒刑幅度内确定量刑起点。犯罪数额每增加1万元，增加一个月刑期。

恶意透支，犯罪数额达到10万元的，在五年至六年有期徒刑幅度内确定量刑起点。犯罪数额每增加2万元，增加一个月刑期。

3. 法定刑在十年以上有期徒刑幅度的量刑起点和基准刑。

使用伪造的信用卡、使用以虚假的身份证明骗领的信用卡、使用作废的信用卡或者冒用他人信用卡，进行信用卡诈骗活动，犯罪数额达到50万元的，在十年至十一年有期徒刑幅度内确定量刑起点。犯罪数额每增加5万元，增加一个月刑期。

恶意透支，犯罪数额达到100万元的，在十年至十一年有期徒刑幅度内确定量刑起点。犯罪数额每增加10万元，增加一个月刑期。

4. 有下列情形之一的，可以增加基准刑的20%以下：

（1）系组织、领导犯罪集团首要分子的；

（2）使用诈骗的财物进行吸毒、赌博等违法犯罪活动的；

（3）其他可以从重处罚的情形。

5. 有下列情形之一的，可以从宽处罚：

（1）使用信用卡恶意透支，在公安机关立案后、人民法院宣判前已偿还全部透支款息的，可以减少基准刑的40%以下。

（2）确因学习、治病急用等原因而实施信用卡诈骗的，可以减少基准刑的20%以下。

（3）其他可以从轻处罚的情形。

五、合同诈骗罪

1. 法定刑在三年以下有期徒刑、拘役幅度的量刑起点和基准刑。

个人进行合同诈骗，犯罪数额达到2万元的，在三个月拘役至六个月有期徒刑幅度内确定量刑起点。

单位进行合同诈骗，犯罪数额达到10万元的，对直接负责的主管人员和其他直接责任人员在三个月拘役至六个月有期徒刑幅度内确定量刑起点。

在量刑起点的基础上，个人犯罪数额每增加5千元，增加一个月刑期；单位犯罪数额每增加2.5万元，对直接负责的主管人员和其他直接责任人员增加一个月刑期。

2. 法定刑在三年以上十年以下有期徒刑幅度的量刑起点和基准刑。

个人进行合同诈骗，犯罪数额达到20万元的，在三年至四年有期徒刑幅度内确定量刑起点。

个人进行合同诈骗，犯罪数额达到16万元不满20万元，并有下列情形之一的，可以认定为“其他严重情节”，在三年至四年有期徒刑幅度内确定量刑起点：①诈骗救灾、抢险、防汛、扶贫、医疗款物等；②假冒国家机关或者公益性组织实施诈骗的；③诈骗残疾人、老年人或者丧失劳动能力人的财物的；④造成被害人自杀、精神失常或者其他严重后果的。

单位进行合同诈骗，犯罪数额达到100万元的，对直接负责的主管人员和其他直接责任人，在三年至四年有期徒刑幅度内确定量刑起点。

单位进行合同诈骗，犯罪数额达到80万元不满100万元，并且具有本罪第2条第2款规定情形之一的，可以认定为“其他严重情节”，在三年至四年有期徒刑幅度内确定量刑起点。

在量刑起点的基础上，个人犯罪数额每增加7千元，增加一个月刑期；单位犯罪数额每增加4万元，对直接负责的主管人员和其他直接责任人员增加一个月刑期。

3. 法定刑在十年以上有期徒刑幅度的量刑起点和基准刑。

个人进行合同诈骗，犯罪数额达到80万元的，在十年至十一年有期徒刑幅度内确定量刑起点。

个人进行合同诈骗数额达到64万元不满80万元，并且具有本罪第2条第2款规定情形之一的，可以认定为“其他特别严重情节”，在十年至十一年有期徒刑幅度内确定量刑起点。

单位进行合同诈骗，犯罪数额达到400万元的，对直接负责的主管人员和其他直接责任人员，在十年至十一年有期徒刑幅度内确定量刑起点。

单位进行合同诈骗数额达到320万元不满400万元，并且具有本罪第2条第2款规定情形之一的，可以认定为“其他特别严重情节”，在十年至十一年有期徒刑幅度内确定量刑起点。

在量刑起点的基础上，根据合同诈骗数额等其他影响犯罪构成的犯罪事实增加刑罚量，确定基准刑，有下列情形之一的，增加相应的刑罚量：

（1）个人犯罪数额已满80万元，每增加20万元，增加一个月刑期。

（2）单位犯罪数额已满400万元，每增加100万元，对直接负责的主管人员和其他直接责任人员增加一个月刑期。

4. 有下列情形之一的，可以增加基准刑的20%以下，但同时具有两种以上情形的，累计不超过基准刑的100%（已在确定基准刑时评价的除外）：

（1）多次实施合同诈骗的；

（2）有经济能力而拒绝退赃、退赔的；

（3）诈骗救灾、抢险、防汛、扶贫、医疗款物等的；

（4）诈骗残疾人、老年人或者丧失劳动能力人的财物的；

（5）为实施违法犯罪活动而进行合同诈骗或者将赃款用于非法活动的；

（6）造成被害人自杀、精神失常或者其他严重后果的；

（7）其他可以从重处罚的情形。

5. 有下列情形之一的，可以从宽处罚：

（1）积极退赃退赔的，可以减少基准刑的40%以下；

（2）未参与分赃或分赃较少的，可以减少基准刑的20%以下；

（3）其他可以从轻处罚的情形。

六、非法持有毒品罪

1. 构成非法持有毒品罪的，根据下列不同情形在相应的幅度内确定量刑起点和基准刑：

（1）非法持有鸦片200克、海洛因或者甲基苯丙胺10克或者其他毒品数量较大的，在三个月拘役至一年有期徒刑幅度内确定量刑起点。在量刑起点的基础上，鸦片每增加20克、海洛因或者甲基苯丙胺每增加1克，增加一个月刑期。

（2）非法持有鸦片200克、海洛因或者甲基苯丙胺10克或者其他毒品数量较大的，并具有下列情形之一的，应当认定为《刑法》第三百四十八条规定的“情节严重”，在三年至四年有期徒刑幅度内确定量刑起点：①在戒毒场所、监管场所非法持有毒品的；②利用、教唆未成年人非法持有毒品的；③国家工作人员非法持有毒品；④其他情节严重的行为。在量刑起点的基础上，鸦片每增加20克、海洛因或者甲基苯丙胺每增加1克，增加一个月刑期。

（3）非法持有鸦片1000克、海洛因或者甲基苯丙胺50克或者其他毒品数量大的，在七年至八年有期徒刑幅度内确定量刑起点。在量刑起点的基础上，鸦片每增加260克、海洛因或者甲基苯丙胺每增加13克，增加一个月刑期。

（4）非法持有鸦片10千克、海洛因或者甲基苯丙胺500克或者其他毒品数量大的，在十年至十一年有期徒刑幅度内确定量刑起点。在量刑起点的基础上，鸦片每增加200克、海洛因或者甲基苯丙胺每增加10克，增加一个月刑期。依法应当判处无期徒刑刑罚的适用《山东省高级人民法院关于部分毒品犯罪案件刑罚适用的指导意见》相关规定。

2. 非法持有两种以上毒品的，应当将不同种类的毒品分别折算为海洛因的数量，以折算后的毒品总量作为量刑的依据。

3. 具有下列情形之一的，可以增加基准刑的10%－30%，同时具有两种以上情形的，累计不超过基准刑的100%（已在确定基准刑时评价的除外）：

（1）在戒毒场所、监管场所非法持有毒品的；

（2）利用、教唆未成年人非法持有毒品的；

（3）国家工作人员非法持有毒品的；

（4）系毒品再犯的（已评价为累犯的除外）；

（5）其他可以从重处罚的情形。

4. 毒品含量明显低于同类毒品正常纯度的，可以减少基准刑30%以下。

七、容留他人吸毒罪

1. 容留他人吸食、注射毒品，具有下列情形之一的，在一个月拘役至六个月有期徒刑幅度内确定量刑起点，依法应当判处管制的除外：

（1）一次容留三人吸毒的（含注射毒品，下同）；

（2）二年内三次容留他人吸毒的；

（3）二年内曾因容留他人吸毒受过1次行政处罚的；

（4）容留未成年人吸毒1人次的；

（5）以牟利为目的容留他人吸毒1人次的；

（6）容留他人吸食、注射毒品造成严重后果的；

（7）其他应当追究刑事责任的情形。

同时符合上述两种以上情形的，以其中量刑较重的情形确定量刑起点，其他每增加一种情形，增加二个月至四个月刑期。

2. 在量刑起点的基础上，根据容留他人吸毒的人数、次数等其他影响犯罪构成的犯罪事实增加刑罚量，确定基准刑：

（1）容留他人吸毒每增加1人次，增加二个月刑期。

（2）容留未成年人吸毒每增加1人次，增加三个月刑期。

（3）因容留他人吸毒受过2次以上的行政处罚，增加二个月至三个月刑期。

（4）以牟利为目的容留他人吸毒2次以上的，每次增加三个月刑期。

（5）其他可以增加刑罚量的犯罪事实。

3. 具有下列情形之一，可以增加基准刑的30%以下（已在确定基准刑时评价的除外）：

（1）国家工作人员容留吸毒的；

（2）利用所经营的旅馆、酒店、KTV等经营性场所容留他人吸毒的；

（3）其他可以从重处罚的情形。

4. 容留近亲属吸食、注射毒品，情节显著轻微危害不大的，不作为犯罪处理；需要追究刑事责任的，可以减少基准刑的40%以下。

八、引诱、容留、介绍卖淫罪

1. 构成引诱、容留、介绍卖淫罪，具有下列情节之一的，在拘役六个月至一年有期徒刑幅度内确定量刑起点：

（1）引诱卖淫1人或容留、介绍卖淫2人的（不含引诱14周岁以下幼女卖淫的，下同）；

（2）引诱、容留、介绍未成年人、孕妇、智障人员、患有严重性病的人卖淫1人的；

（3）一年内曾因引诱、容留、介绍卖淫行为被行政处罚，又实施容留、介绍卖淫行为的；

（4）非法获利人民币1万元以上的；

（5）其他引诱、容留、介绍卖淫应予追究刑事责任的情形。

2. 构成引诱、容留、介绍卖淫罪，具有下列情节之一的，在五年至六年有期徒刑幅度内确定量刑起点：

（1）引诱卖淫5人或引诱、容留、介绍卖淫10人的；

（2）引诱未成年人、孕妇、智障人员、患有严重性病的人卖淫3人或者引诱、容留、介绍该类人员卖淫5人的；

（3）非法获利人民币5万元以上的；

（4）其他情节严重情形。

3. 在量刑起点的基础上，根据引诱、容留、介绍他人卖淫的人数、非法获利数额等其他犯罪事实增加刑罚量，确定基准刑：

（1）引诱卖淫每增加1人，增加四个月至六个月刑期。

（2）容留、介绍卖淫每增加1人，增加一个月至三个月刑期。

（3）引诱未成年人、孕妇、智障人员、患有严重性病的人卖淫每增加1人，增加七个月至九个月刑期。

（4）容留、介绍未成年人、孕妇、智障人员、患有严重性病的人卖淫每增加1人，增加四个月至六个月刑期。

（5）引诱、容留、介绍卖淫非法获利不满人民币5万元的，每增加5千元，增加三个月至六个月刑期；达到人民币5万元的，每增加1万元，增加一个月至二个月刑期，累计增刑期一般不超过五年。

（6）其他可以增加刑罚量的情形。

4. 具有下列情形之一的，可以从重处罚，但同时具有两种以上情形的，累计增加不超过基准刑的100%：

（1）引诱、容留、介绍同一人员多次卖淫的，根据同一人员卖淫的次数、具有同一人员多次卖淫行为的人数等情节，可以增加基准刑的10%—30%以下。

（2）从事旅馆业、饮食服务业、文化娱乐业、出租汽车业等单位的人员，利用本单位的条件，引诱、容留、介绍他人卖淫的，可以增加基准刑的10%

以下。

（3）利用信息网络发布招嫖信息，不构成其他犯罪的，可以增加基准刑的20%以下。

（4）引诱、介绍、容留境内人员到境外卖淫的或者境外人员到境内卖淫的，可以增加基准刑的30%以下。

（5）其他可以从重处罚情节。

九、附则

1. 本实施细则供我省开展扩大量刑规范化范围试点工作的法院试行。

2. 本实施细则仅规范上列八种犯罪判处拘役、有期徒刑的案件。本实施细则未规定的量刑指导原则、量刑基本方法及常见量刑情节依照最高人民法院《关于常见犯罪的量刑指导意见》及山东省高级人民法院《〈关于常见犯罪的量刑指导意见〉实施细则》的规定执行。

3. 本实施细则将随法律、司法解释、刑事司法政策及最高人民法院的规定适时作出调整。调整前，新颁布的法律、司法解释与本实施细则不一致的，适用新的法律、司法解释。

4. 本实施细则由山东省高级人民法院负责解释。

[司法实务问题研究]

从两个案件谈合同诈骗罪的判断标准

刘剑云*

一、两个案例引发的思考

案例1：被告人牛某在某公司工程项目部工作期间隐瞒负有大额债务无力偿还的真相，虚构自己有权对外签订合同，采用虚构与被害人合伙购买砂石后转卖给该工程项目部赚取差价的合同方式，以收取被害人交纳合同保证金、出资等名义，骗取了多名被害人资金共计51余万元。期间，被告人牛某还以为被害人提供项目合作之机，向上述部分被害人借款共计4万余元。

案例2：被告人李某某为重庆某农贸市场某蔬菜配送公司的采购员，该公司将蔬菜款预付给李某某由其负责采购。李某某在蔬菜批发商熟悉后，口头协议先赊购蔬菜，一段时间后凭流水账单结款给批发商。2015年8月至2016年6月期间，被告人李某某将某蔬菜配送公司的预付款用于购买"六合彩"赌博，输钱后采用支付部分欠款的方式，一直从蔬菜批发商处赊购蔬菜，直到拖欠蔬菜款781669元后逃离重庆。

对于上述案例1的处理，有三种不同的意见。第一种意见认为，牛某虚构合同，骗取被害人合同保证金、出资等51余万元，对此应以合同诈骗罪论处；牛某骗取被害人借款应以诈骗罪论处。第二种意见认为，牛某利用其工作之名，虚构身份，在明知没有签订合同的权利的情况下，以合同为诱饵，应当全

* 作者单位：重庆市江津区人民法院。

部以诈骗罪论处。第三种意见认为，牛某所借款系以签订、履行合同为基础，因此应当将所借的款都纳入合同诈骗数额，全部以合同诈骗罪论处。

对于上述案例2的处理，也有两种不同的意见，一种意见认为是属于一般的合同纠纷，不应当作为犯罪处理。另一种意见认为属于合同诈骗，应当按此罪论处。

上述意见的分歧实际上反映了合同诈骗罪、诈骗罪，及与一般民事合同纠纷的区别问题。这是司法实践常遇到的难点，集中表现为对合同诈骗罪与诈骗罪两罪的一些共性问题把握困难。在对于合同诈骗罪与诈骗罪的区分中，当前对部分问题基本形成倾向意见，如合同诈骗罪中的“合同”范围，必须是能够体现市场秩序的，凡是与这种社会关系无关的各种合同不在该罪的“合同”之列；又如犯罪数额的认定，应当以犯罪人实际得到的数额为标准；还如其他方法是以“利用合同诈骗”为本质特征,① 等等。

导致区别这些争点难主要有以下几方面原因：一是合同诈骗罪为特殊类诈骗罪的立法定性。立法对于合同诈骗罪与诈骗罪数额上有不同规定，即同为结果犯，且犯罪数额对量刑的轻重有重大的意义，但合同诈骗罪的犯罪数额要高于诈骗罪，且合同诈骗罪是从诈骗罪中分离出来的，合同诈骗罪的法律规定相对于诈骗罪的规定来说属于特殊法。这使得司法人员在感情上难以接受。二是刑法的谦抑性。随着刑法谦抑性的认识不断地深入，对刑法是最后法律手段及有利于被告人原则的司法理念已入人心。而合同诈骗罪处于刑事与民事的衔接点，界限往往容易模糊。同时，随着经济交往的扩大，与合同相关的情况不断出现，从而造成判断上的难点。三是对合同的认识有了新的变化。以前司法基本上否认合同诈骗罪中存在口头合同，目前又承认口头合同,② 口头合同在民事审判中都属于较难把握的，这更增加了刑事审判的难度。

如何区分这些争议，我们认为应根据以下原则来确定处理思路。第一，遵从法律规定的原则。无论存在怎样的质疑，解决质疑的根本出发点只能是立足于法律的规定，并从法律的规定出发，来分析解决这些问题。第二，坚持主客观相一致的原则。在判断是否构成合同诈骗罪时，要根据是否有非法占有的目

① 熊选国主编：《刑法罪名疑难问题精析》（第二卷），人民法院出版社2007年版，第1280~1286页。

② 最高人民法院刑事审判第一、二、三、四、五庭主办：《中国刑事审判指导案例》（第二卷），法律出版社2012年版，第417页。

的，是否利用合同的情况综合进行判定，不能单纯的主观归罪或客观归罪。第三，贯彻刑法的谦抑性原则。刑法的谦抑性，是基于充分保障公民权利、建立刑事法治和有效控制司法权扩张本性的体现，具体表现为刑法的最后手段和有利于被告原则。如果说法律的规定是立足点的话，平衡点就是刑法的谦抑性，也就是在平衡各种利益的时候，应从刑法的谦抑性原则出发，在存在一些认识分歧的时候，从有利于被告人的角度进行认定。

根据上述原则，我们来分析对合同诈骗罪在司法实践中的宽严的把握问题。这里所说的宽严的把握是在法律框架下的趋宽及趋严问题，而不是超越或限制法律的规定来扩大或缩小。

首先，何种情况下趋宽？我们知道，合同诈骗罪是从诈骗罪中分离出来的，而且合同诈骗罪的量刑数额高于诈骗罪，只要构成了合同诈骗罪，必然符合诈骗罪的构成要件。因此，在符合诈骗罪的构成要件的情况下，对于合同诈骗罪的认定应当趋宽，而不能趋严。一种观点认为，如果趋宽的话，因为合同诈骗罪的犯罪数额的起点高于诈骗罪，存在犯罪数额达不到犯罪起点数额的情况，从而有些本可以作为诈骗罪处理的而不能再以诈骗罪处理，放纵了犯罪行为。我们认为，这是因为法律规定而产生的缺陷问题，不能归责于被告人。

其次，何种情况下趋严的问题？我们知道合同诈骗罪具有很强的针对性，主要针对的是市场经济中发生的交易行为。随着市场经济的发展，从鼓励市场经济发展的角度出发，对于经济活动中产生的纠纷或者欺诈行为的规制主要应当通过民事、行政等手段予以处理，刑法不宜轻易介入。因为市场风险对于民商事主体来说，应当是明知的，正常的风险应由其自担，不能通过刑事司法手段将市场风险转嫁给对方当事人。为此，在界定合同诈骗罪与民事纠纷性质的时候，对于合同诈骗罪的认定应当趋严。

在笔者看来，厘清合同诈骗罪与诈骗罪区别，合同诈骗罪与一般民事合同纠纷的界线，才能为司法实践提供可操作性判断标准。在司法实践中，合同诈骗罪与诈骗罪的本质区别在于犯罪手段上，即是否利用合同；合同诈骗罪与一般民事纠纷区别在于行为目的上，即是否有非法占有的目的。

二、合同诈骗罪之形式判断标准

合同诈骗罪中利用合同是其客观本质特征。如何理解利用合同，在合同诈骗罪中是难点之一。

（一）关于合同的范围问题

我们知道合同诈骗罪是从一般诈骗罪中分离出来的一个独立罪名。根据特别法优于一般法的法律适用原则和刑法第二百六十六条关于“本法另有规定的，依照规定”的规定，对于构成合同诈骗罪的，不应以一般诈骗罪论处。准确界定刑法第二百二十四条中“合同”的范围，是合同诈骗罪司法认定中的一个先决问题，对于区分合同诈骗罪与一般诈骗罪两者界限也具有决定性意义。

首先，对于合同的判定应当根据民事法律的规定。从合同法的规定上看，合同是平等主体的自然人、法人、其他组织之间设立、变更、终止民事权利义务关系的协议。其包括了两个内容，一个是合同是平等主体之间订立的涉及民事权利和义务关系的协议，另一个是合同法主要调整法人、其他组织之间的经济贸易关系，及自然人之间因买卖、租赁、借贷、赠与等产生的合同法律关系。有关身份关系的协议，不适用合同法。

其次，合同诈骗罪规定于刑法分则第三章破坏社会主义市场经济秩序罪之第八节“扰乱市场秩序罪”中，不仅侵犯他人财产所有权，而且侵犯国家合同管理制度，破坏了社会主义市场经济秩序。从合同诈骗罪的立法渊源看，合同诈骗罪中的“合同”应该是指原来所说的经济合同。因而合同诈骗罪中的“合同”必须能体现一定市场秩序，表现出一定的市场交易性。

再次，合同的表现形式有书面合同和口头合同。我们认为合同诈骗罪中的“合同”的表现形式，应当既包括书面合同，也应该包括口头合同。一种观点认为，即使将口头合同纳入合同诈骗罪中，也应当严格控制。我们不赞同这种观点，不能以合同的表现形式的不同，进行区别对待，从而缩限合同诈骗罪中的“合同”范围。

最后，合同的真假问题。合同诈骗罪中的“合同”既可以是真实的合同，也可以是虚假的合同。一种观点认为，合同诈骗罪中的“合同”只能是真实的合同。这种观点缩小了合同诈骗罪中“合同”的范围，并明显与法律的规定不符。

（二）同诈骗行为必须表现出利用合同的特征

首先，应当是基于合同，并以合同的形式来表现。合同诈骗罪中的手段行为应当都是基于合同的行为，也就是说欺骗行为是围绕合同而展开的，以合同的签订、履行的权利义务关系为内容。合同诈骗罪中的欺骗手段的表现形式应当是以合同的形式，也就是说欺骗行为的载体应当是合同。如果并非以合同为表现形式的诈骗方法，则不应当认定为合同诈骗。在司法实践中存在诈骗的主要手段问题，如果在诈骗过程中主要以合同为手段的，而其他诈骗手段起次要作用的，则应当以合同诈骗罪论处；如果不是主要以合同为手段的，或者说合同行为在诈骗活动中起次要作用的，则不能以合同诈骗罪论处。而判断是主要作用和次要作用的主要依据是看诈骗作用与诈骗结果之间的因果关系。

其次，该欺骗行为实施的起止应当是在合同的签订、履行过程中。合同的签订与合同的履行均是一个过程。合同的签订是指合同当事人就合同事项进行接触、协商及就合同内容达成一致意见的动态过程。要约是合同订立的启动点，是当事人实质进行合同订立过程的开始。[①] 合同的履行是指合同规定的义务的执行。这里值得一提是对合同签订的认识，合同的签订是一个过程，即要约邀请、要约之间的往返。在司法实践中往往容易与以合同为诱饵的诈骗行为相混淆，一般认为，以合同为诱饵实施的诈骗行为，是发生并完成在合同签订之前，即使在诈骗行为完成后行为人还与被害人签订了合同，然而该合同的签订仅是为了掩盖其前面的诈骗行为。对于这种情形，应当以诈骗罪论处。[②]

再次，对在合同签订、履行过程中实施了与合同内容相关的诈骗行为性质的判断要以该行为与合同的紧密程度为判断标准。在司法实践中，行为人在实施合同诈骗的同时，往往伴随有其他的诈骗行为。这种情况表现分两种情形，一种是连续诈骗行为，行为人有多个诈骗行为，这些诈骗行为跨越在合同签订前延续在合同签订后；一种是在合同签订、履行中有其他诈骗行为。一种意见认为，不管是何种情形，均应当以是否利用了合同为判断标准，利用的合同的内容应当是以所签订的合同中明确的权利义务，如果不是，则应当以诈骗罪论处，与合同诈骗罪数罪并罚。我们认为，该意见较为严格，没有充分考虑实际情况，不利于被告人。应当充分考虑被告人的犯罪目的、行为方式、过程等因素，并以行为内容与合同的紧密程度进行认定。一般来说，对于连续的诈骗行为，之前是以合同为诱饵进行诈骗，之后又进行了合同诈骗行为，对这两种诈骗看结果看大小，如果前面一个诈骗数额大，则整体应当以诈骗罪论处；如果后一个诈骗数额大，则整体当以合同诈骗罪论处。对于在合同履行中的其他诈

① 张玉敏主编：《民法》，高等教育出版社2007年版，第406页。

② 参见《王贺军合同诈骗罪》，载最高人民法院刑事审判第一、二、三、四、五庭主办：《中国刑事审判指导案例》（第二卷），法律出版社2012年版，第415页。

骗行为，如果是基于合同的信任而发生，并且按照一般常理能基于合同进行最后结算的，应当一并认定为合同诈骗；如果虽然基于合同的信任而发生，但该诈骗行为所表现出的民事性质与合同所表现出的民事性质系完全不同的性质关系，没有牵连或者牵连不大的，则应当分别以合同诈骗罪与诈骗罪论处。对于法律的适用来说，不能以表面的犯罪形式而机械地适用法律，而要根据法律的精神，来分析犯罪的实质，准确地适用法律。

三、合同诈骗罪之非法占有目的判断标准

合同诈骗罪中“非法占有的目的”是指行为人在利用合同进行诈骗行为时，主观上所持有的意图使对方当事人的财物脱离其控制，而据为己有或交他人所有，不予归还的心理状态。① 从法律规定上看，有五种推定认定有非法占有的目的的情形，其中第五种是“堵截条款”。

在司法实践中，难点是在正常履行的合同中，如何判断犯意的转化问题，也就是怎样判断行为人从正常获取交易利润的目的转化为非法占有他人财物的目的。法律规定了一个较为典型的情形，即是收到对方当事人给付的货物、货款、预付款或者担保财产后逃匿。从这个典型的情形，我们可以分析出判断此种类似的情形主要应从以下几个方面进行分析。

首先，看是否有逃匿行为。逃匿是指逃跑并躲藏起来。刑法及相关法律规定中，对逃匿多有涉及。从司法实践上看，逃匿的表现主要是隐瞒去向、失去联系，具体的表现形式是搬离原址、中断通讯、逃往异地。由于刑事中的逃匿行为的表现与民事中躲避债务的行为的表现有诸多相同点，所以尤其要注意细节上的区分，如逃匿行为是针对不特定人，而躲避债务的行为是针对特定人；逃匿行为往往逃匿前没有事后的交代和安排，而躲避债务的行为往往躲避时有事后的交代和安排等等。最主要的是要结合案件中的其它情形进行综合认定。

其次，看是不履行合同义务还是拖延履行。不履行合同义务是逃匿行为的直接原因，而拖延履行合同义务是躲避债务的行为的直接原因。不履行合同义务也许有履行能力、部分履行能力或者无履行能力，而拖延履行合同义务是无履行能力。两者最大的区别点是拖延履行合同义务有积极的准备行为，不履行

---

① 熊选国主编：《刑法罪名疑难问题精析》（第二卷），人民法院出版社2007年版，第1272页。

合同义务是无积极的准备行为。

再次，看造成不能履行合同义务的原因。造成不能履行合同义务的原因多种多样，其中主要的有与合同相关的商业风险、与合同无关的其他民事行为、进行非法活动等。显然与合同相关的商业风险属于正常的经营活动，是合理理由，而与合同无关的其它民事行为则要看其是否是急迫，是否有合理的预期等等来判定其合理性，而进行非法活动则明显的不具有合理性。

最后，看非法占有目的的认定。对于这种转化类的合同诈骗，其非法占有目的的认定，是根据行为人一系列不履行合同义务的行为表现综合来认定的。而犯意的转化分析应从无履行合同义务的能力开始，再从无履行合同义务能力后对合同的履行表现，再到如何逃匿这一过程进行综合考虑，看是否有了非法占有的目的。而诈骗的数额实际就是所欠的债务数额。

四、两个标准对案例处理的启示

结合上述分析再回到案例本身，针对于案例1，被告人以非法占有为目的，虚构身份，利用被害人欲与其合作的愿望，以周转资金的方式骗取被害人现金，并在签订、履行合同中继续骗取被害人现金，应以合同诈骗罪论处。被告人虽以借款的名义骗取受害人现金，但被害人愿意借款给被告人的原因是基于被告人将要或者正在与被害人签订、履行合同，而被告人借钱的基础也是因为被害人将要或正在与被告人签订、履行合同。并且被告人以周转资金借款的方式骗取被害人现金后，还在签订、履行合同过程中继续骗取被害人现金。因此，对于这些借款，被告人与被害人所签订、履行的合同不是起诱饵或掩饰的作用，而是被告人的诈骗手段，借款实为合同诈骗中的一部分。

对于案例2，同样应以合同诈骗罪论处。因为被告人在进行非法活动造成对合同义务无履行能力后，继续以赊购的方式占有货物，最终进行了逃匿，有非法占有的目的，并实际占有货款，是典型的合同诈骗。

[新类型疑难案例选评]

李某峰强奸、抢劫、敲诈勒索罪一案

黄鸿志 郭 玉*

【裁判要旨】

被告人以假看房、真抢劫的目的，骗取被害人的同意，由被害人带领进入被害人自有空置房屋，在“看房”过程中对被害人实施抢劫。由于被告人进入被害人房间系合法进入，案发时该房屋并没有对被害人形成住宅安全之信赖保护利益，故不认定构成“入户抢劫”情节。

【案情简介】

广州市越秀区人民检察院指控，2015 年 12 月 18 日 15 时许，被告人李某峰以租房为由将被害人邹某（女）约至广州市越秀区麓苑路某小区 2105 房。在该房内被告人李某峰持水果刀威胁被害人邹某，致使被害人邹某不敢反抗后，用胶带捆绑被害人邹某，脱掉被害人邹某衣物，拍摄被害人邹某裸照，强行与被害人邹某发生性关系，并将被害人邹某包内的现金人民币 1000 元、银行卡 1 张抢走后逃离现场。同日 21 时，被告人李某峰到银行取款未果后致电被害人亲属邹某都，以威胁公开被害人邹某裸照为由，欲索要人民币 70000 元。同年 12 月 19 日，被告人李某峰被公安人员抓获归案，并缴获作案工具水果刀 1 把、赃款现金人民币 200 元，移动电话 1 台、银行卡 1 张。公诉机关随案提交相关证据，认为被告人李某峰的行为触犯了《中华人民共和国刑法》第二百三十六条第一款、第二

* 作者单位：广州市越秀区法院刑事审判庭。

百六十三条、第二百七十四条，应当以强奸罪、抢劫罪、敲诈勒索罪追究其刑事责任。被告人李某峰犯数罪，依法应当数罪并罚。被告人李某峰已经着手实施敲诈勒索犯罪，由于意志以外的原因而未得逞，是犯罪未遂，依法可以比照既遂犯从轻或者减轻处罚。提请本院依法判处。

被告人李某峰对指控的犯罪事实及罪名不持异议。其辩护人的辩护意见主要是：对公诉机关指控的罪名不持异议，认为被告人李某峰能自愿认罪，具有悔罪表现，且是初犯，没有犯罪前科，其所犯敲诈勒索罪是犯罪未遂，综上，请求法庭对被告人李某峰从轻处理。

经审理查明，2015 年 12 月 18 日 15 时许，被告人李某峰以租房为由，通过网络中介平台，联系上被害人邹某，由邹某带其进入邹某位于广州市越秀区麓苑路某小区 2105 室看房。在该房内被告人李某峰持水果刀威胁被害人邹某，致使被害人邹某不敢反抗后，用胶带捆绑被害人邹某，脱掉被害人邹某衣物，拍摄被害人邹某裸照，强行与被害人邹某发生性关系，并将被害人邹某包内的现金 1000 元、银行卡 1 张抢走后逃离现场。同日 21 时，被告人李某峰到银行取款未果后致电被害人亲属邹某都，以威胁公开被害人邹某裸照为由，索要 70000 元。同年 12 月 19 日，被告人李某峰被公安人员抓获归案，并缴获作案工具水果刀 1 把、赃款现金 200 元、移动电话 1 台、银行卡 1 张。

【审理结果】

广东省广州市越秀区人民法院于 2016 年 9 月 29 日作出（2016）粤 0104 刑初 396 号刑事判决书，判决：一、被告人李某峰犯强奸罪，判处有期徒刑六年。犯抢劫罪，判处有期徒刑五年，并处罚金二千元。犯敲诈勒索罪，判处有期徒刑一年六个月，并处罚金三千元。决定执行有期徒刑十一年，并处罚金五千元。二、缴获的作案工具水果刀等（详见扣押清单）予以没收；扣押被告人李某峰违法所得 200 元发还本案被害人（由广州市公安局越秀区分局执行）。三、继续追缴被告人李某峰的违法所得，发还给被害人。不足部分，责令被告人退赔。

【裁判理由】

被告人李某峰案发当日出于谋财的目的，从网上查询得相关房屋放租的信息，准备了刀具、封口胶、绳子等作案工具，经联系被害人邹某后去至广州市越秀区麓苑路某小区，由被害人带领上至2105房佯装看房，在屋内持刀对被害人实施威胁，用封口胶捆绑被害人双手，拍摄被害人的裸照，强行与被害人发生了性关系，并劫取了被害人的现金1000元以及银行卡1张。被告人李某峰离开现场后，于同日晚上致电被害人的亲属邹某都，以威胁公开被害人的裸照为由，向邹某都索要7万元。综上，被告人以暴力、胁迫手段强行与被害人发生性关系，该节行为应构成强奸罪；被告人以暴力、胁迫手段劫取被害人财物，该节行为应构成抢劫罪；被告人以威胁、要挟的方法强索被害人财物，该节行为应构成敲诈勒索罪。被告人李某峰犯数罪，依法应数罪并罚。被告人李某峰的敲诈勒索行为属于犯罪未遂，对该节事实可以比照既遂犯从轻处罚。被告人李某峰能自愿认罪，可予从轻处罚。

对抢劫行为不认定“入户抢劫”，故按照法律规定，对被告人李某峰的强奸、抢劫行为，均应在三年以上十年以下进行量刑；被告人敲诈勒索的数额为7万元，属于数额较大（4000元以上10万元以下），依法应在三年以下进行量刑，公诉机关认定该节事实属“数额巨大”不当，应予纠正。结合以下情节：（1）被告人犯数罪，应数罪并罚。（2）如前所述，虽不认定被告人为“入户抢劫”，但被告人以假称租房为名将被害人诱骗至屋内，案发的地点与外界相对隔离（即具备前文所述“户”的场所特征），有预谋地携带作案工具到现场，持刀实施强奸、抢劫行为，并有对被害人进行捆绑手脚、拍摄裸照、强迫口交等情节。被告人行为的情节恶劣，人身危险性大。（3）敲诈勒索一节属于犯罪未遂。（4）被告人抢劫的数额为1000元，抓获被告人时缴获200元，剩余赃款未能缴回。（5）被告人能自愿认罪，且是初犯。综上，根据被告人的犯罪事实、情节及认罪态度，作出上述判决。

[评析]

用于放租的空置房屋能否认定为“入户抢劫”之“户”

一、本案的事实及定性

本案中，被告人李某峰对于指控的犯罪事实均供认不讳，且有被害人陈述、证人证言、监控录像、电话录音、手机截图、通话记录清单、现场勘验检查工作记录、法医物证鉴定意见书等证据予以佐证，事实部分足以认定。被告人以暴力、胁迫手段强行与被害人发生性关系，该节行为应构成强奸罪；被告人以暴力、胁迫手段劫取被害人财物，该节行为应构成抢劫罪；被告人以威胁、要挟的方法强索被害人财物，该节行为应构成敲诈勒索罪。罪名的认定也不存在异议。

二、本案有争议的问题

根据刑法第二百六十三条之规定，抢劫罪的量刑档在三年以上、十年以下有期徒刑，并处罚金；而入户抢劫的，要在十年以上有期徒刑、无期徒刑、死刑并处罚金或没收财产。李某峰进入被害人邹某的房屋内实施抢劫的行为是否构成“入户抢劫”，对李某峰量刑至关重要。

（一）本案是否认定为“入户”的几种意见

何为“入户抢劫”？传统的参照标准来自于《最高人民法院关于审理抢劫、抢夺刑事案件适用法律若干问题的意见》（以下简称《两抢意见》）第一条应当注意的三个问题：第一，“户”的标准。“户”在这里是指住所，其特征表现为供他人家庭生活和与外界相对隔离两个方面，前者为功能特征，后者为场所特征。一般情况下，集体宿舍、旅店宾馆、临时搭建工棚等不应认定为“户”，但在特定情况下，如果确实具有上述两个特征的，也可以认定为“户”。第二，“入户”目的的标准。要求进入他人住所须以实施抢劫等犯罪为目的。户内临时起意实施抢劫的，不属于“入户抢劫”。第三，行为发生地标准。要求暴力或者暴力胁迫行为必须发生在户内。入户实施盗窃被发现，行为人为窝藏赃物、抗拒抓捕或者毁灭罪证而当场使用暴力或者以暴力相威胁的，如果暴力或者暴力胁迫行为发生在户内，可以认定为“入户抢劫”；如果发生在户外，不能认定为“入户抢劫”。

本案的非法目的特征与行为手段特征均具备，即被告人确实在入室前就具有实施抢劫的犯罪故意，其入室前也已随身携带刀具、绳索、透明胶带等作案工具，本案暴力行为确实发生在室内，上述三点后两点已经符合，争议点进一步锁定为是案发现场是否能认定为“户”。

第一种观点认为，案发现场为被害人自有之封闭住宅，抢劫罪发生于该住宅内，应当认定为入室抢劫；第二种观点认为，案发房屋是被害人用于放租的房屋，其居住另有其地，被害人的生活起居并不在涉案房屋进行，故该地点不具有家庭生活功能特征，被告人的行为不构成入户抢劫；第三种观点也认为，被告人并非采用暴力手段强行进入房屋，其进入房屋的过程合法，属于在室抢劫，而不构成入户抢劫。

笔者持第三种观点。第三种观点没有机械套用《两抢规定》第一条的三方面规定，而是主张回到立法保护的本意，探究“入户抢劫”之所以加重处罚的原因，在此基础上判断是否为“入户”。

（二）适用“法益分析法”甄别是否为“入户”

刑法之所以要为“入户”抢劫作为抢劫罪、盗窃罪设置更重的量刑档，主要考虑的是抢劫罪、盗窃罪基本法益之外的法益——保护公民对住宅安全的信赖保护利益。利用立法原意对法益的保护来甄别“入户”的界定，笔者称之为“法益分析法”。

“风能进，雨能进，国王不能进”。住宅安全是公民自由和安全的最后堡垒，是公民心理上最为安全的场所。“入户抢劫”加重处罚的规定是国家履行对住宅安全保护义务的体现。人在不同的环境中心理防御状态截然不同，每个人都理所当然地认为在自己的住宅内比在公共场所更安全。在公共场所丢失财务，被害人可能本身有疏于管理的责任；在黑暗僻静之处遭受人身伤害，被害人可能也应当提前预见危险；然而住宅具有最彻底的私密性和安全性，公民出于对住宅安全的信赖而在住宅内部通常处于最放松、最不具备防御心理的状态。因此，笔者认为，是否突破被害人对住宅安全的信赖，是认定是否构成“入户抢劫”的判断标准。

以是否突破被害人对住宅安全的信赖作为认定是否构成“入户抢劫”的判断标准，延伸出两个原则：

原则一：用当时当地该房屋是否对被害人具有住宅安全信赖保护利益来判断案发房屋是否属于“户”。

根据案发当时、案发房屋是否对被害人具有住宅安全的信赖保护为原则来判断，如果案发当时，被告人所在的房屋对其具有坚固防御作用的安全信赖利益，就应当认定为户。《两抢意见》规定的房屋要同时具备“家庭居住使用”和“与外界相对隔离”这个传统判断标准是静态的，住宅安全信赖保护标准是动态的，要根据不同时间、不同情况、不同的相对人来认定。

在本案中，被害人作为一名女性，带领一位自称想要租房的陌生男子进入自己的房屋，在陌生男子在被害人的授权下进入房屋的那一刻起，该房屋就不再对该陌生男子起到安全防御功作用，此刻，在被害人与被告人之间，涉案房屋不具有住宅安全信赖保护功能，故不属于“入户抢劫”的“户”。是否界定为“入户”不能以绝对符合“家庭居住使用”为前提，如同样是以房租为目的的空置房屋，假如案发时被害人独自一人在准备用于出租的房内打扫卫生，被告人并非由被害人带入看房，而是破门而入，则可以认定为入户抢劫的。因为此时，该房屋虽然不是被害人正在居住的，但该房屋是被害人完全排他的、独自占有的隐私、安全的空间，其防御能力并不弱于实际居住的房屋。再比如，某人拥有两套住宅都可以居住，但只用了其中一套用做起居使用，另一套基本空置，不能说在有家具、供起居使用的房屋就拥有更强的安全感。在其他案件中，仍然可以用这个标准来判断是否构成入户，如某人拥有房屋一间，既作为销售百货的场所，又作为日常起居使用，营业时间人员往来，房屋不具有排他的、隐私的安全保护作用，不能认定为“户”。《两抢意见》关于户的界定其实和法益分析法是相通的，法益分析法是一种更容易判断的方法。

原则二：“入户抢劫”的入户行为须违背被害人意愿，即属于非法进入。

采取合法方式入户，有多种方式，如本案通过欺骗方式让被害人允许其进入室内，再如利用邻居、熟人身份获得许可进入室内，再如利用抄煤气表等正当事由获得授权进入室内等，因进入室内的行为获得了被害人的许可，被害人在这一刻放弃了房屋对其的安全保护利益，入室后在行抢劫行为，都仅仅为在室抢劫，没有侵犯更多的法益，不构成“入户抢劫”。“入户”的行为只有违背了被害人的意愿，强行进入，暴力破坏具有坚固防御作用之门窗墙壁进入室内，才侵犯到被害人的住宅安全信赖利益，才构成“入户抢劫”。

综上，用于放租的空置房屋能否认定为“入户抢劫”之“户”，要根据不同情况作出判断——判断标准为被告人进入被害人房间有无经过被害人合法授权，进入房间之后实施犯罪之时，案发房屋有没有对被害人形成住宅安全之信赖保护利益，识别的关键在于被告人入户行为是否具有合法性。如果犯罪人非经被害人许可，非法进入用于出租的空置房屋，对正在房屋内打扫卫生的被害人实施抢劫，此时，该房屋虽不是供家庭居住使用，仍应认定为“入户抢劫”之“户”；另一种情况，如本案，犯罪人系合法进入被害人房内，案发时房屋没有对被害人形成住宅安全之信赖保护，此时构成“在室抢劫”，不能认定为“入户抢劫”。使用法益分析法不但能够顺利解决本案的问题，对解决其他犯罪的“入户”与否问题的判断，都有普遍的借鉴意义。

孙某交通肇事案

黄　璧　黄娄莹　劳玉华*

【裁判要旨】

叉车、非公路用旅游观光车、推顶车等均系特种设备中的场（厂）内专用机动车辆，依法不得上道路行驶，但其本身具有机动车的车辆属性。违法上道路行驶的特种设备车辆属于《中华人民共和国道路交通安全法》所规制的机动车范围，在道路上发生的事故属于交通事故，可依法以交通肇事罪追究肇事者刑事责任。

【案情简介】

公诉机关：上海市闵行区人民检察院。

被告人：孙某。

2017年7月28日23时12分许，被告人孙某驾驶一辆无牌号的内燃平衡重式叉车沿本市闵行区昆阳路由南向北行驶至陪昆路路口，在南向西信号灯为红色时向西左转，与驾驶电动自行车沿昆阳路西侧由北向南正常直行的被害人陈某相撞，致陈倒地后被叉车碾压，造成颅脑损伤合并创伤性休克，经抢救无效死亡，构成事故。经上海市公安局闵行分局交通警察支队认定，被告人孙某在事故中承担全部责任。事故发生后被告人孙某即拨打110报警，并在现场等候民警处理，如实供述了上述事实。案发后被告人孙某的亲属代为向被害人陈某的家属赔偿经济损失共计人民币53万元，并取得被害人家属的谅解。

上海市闵行区人民检察院指控被告人孙某犯过失致人死亡罪，向上海市闵行区人民法院提起公诉。被告人孙某对公诉机关指控的事实和罪名没有异议。

* 作者单位：上海市闵行区人民法院。

辩护人提出，对公诉机关指控的事实无异议，但本案应当定性为交通肇事罪。

【审理结果】

上海市闵行区人民法院经审理后，依照《中华人民共和国刑法》第一百三十三条、第六十七条第一款、第七十二条第一款、第七十三条第二款、第三款之规定，判决如下：

被告人孙某犯交通肇事罪，判处有期徒刑一年，缓刑一年。

一审宣判后，被告人没有提出上诉，检察机关亦未抗诉，判决已生效。

【裁判理由】

上海市闵行区人民法院经审理认为，关于公诉机关依据《机动车类型 术语与定义》（GA802－2014）及《机动车运行安全技术条件》（GB7258－2012），认定叉车不属于道交法调整的车辆，故本案所涉事件不属于道路交通事故，不能以交通肇事罪定罪处罚的意见，经查，上述文件基于叉车的单一使用目的和封闭作业区域，为之设置了特定的技术参数及行业标准，以便在质检标准、登记管理权限等方面与其他准予在公共道路行驶的“机动车”相区别。但是，叉车本身的内在操控性（动力驱动、机械转向装置，刹车制动等）及外观特征（驾驶室、方向盘、车轮等）等，与广义的“机动车”并无二致，特别是在被告人孙某将其作为交通工具违规驶入公共道路、参与到交通活动之中时，使之兼具了交通运输的功能性，其违法上路行驶本身以及由此导致的相关事故均应当为道交法所规制。被告人孙某在违法实施的道路交通活动中过失致人死亡，既侵犯了他人的生命权，也损害了道路交通管理秩序，应当依法以交通肇事罪论处。辩护人的此项辩护意见与法相符，予以采纳。被告人孙某具有自首情节，依法可以从轻处罚。被告人孙某的亲属已代为赔偿被害人家属经济损失并取得谅解，可酌情从轻处罚。

[评析]

驾驶特种设备车辆道路肇事行为的定性

本案是一起由于被告人驾驶叉车违法上道路行驶，并在行驶过程中违反交通法规因而发生重大事故的刑事案件。在审理过程中，对被告人的行为定性有二种不同的意见。

第一种意见认为：被告人孙某的行为构成过失致人死亡罪。道交法规定，交通事故是指车辆在道路上因过错或者意外造成的人身伤亡或者财产损失的事件。然而叉车属于特种设备，不是机动车，也不是非机动车，不属于道交法调整的车辆，本案所涉事件不能认定为交通事故，故被告人的行为不构成交通肇事罪，应以过失致人死亡罪论处。

第二种意见认为：被告人孙某的行为构成交通肇事罪。叉车虽系特种设备，但具有机动车的车辆属性。违法上道路行驶的叉车属于道交法所规制的机动车范围，本案所涉事件为交通事故，被告人的行为应以交通肇事罪论处。

笔者同意第二种意见，即被告人孙某的行为构成交通肇事罪，具体分析如下：

一、违法上道路行驶的特种设备车辆属于道交法所规制的机动车

（一）将违法上道路行驶的特种设备车辆纳入道交法所规制的机动车范围符合道交法的规定。

道交法第一百一十九条第（三）项规定，“机动车”是指以动力装置驱动或者牵引，上道路行驶的供人员乘用或者用于运送物品以及进行工程专项作业的轮式车辆。依据国家质检总局《特种设备目录》的规定，叉车、非公路用旅游观光车、推顶车等均属于特种设备中的场（厂）内专用机动车辆。同时，《特种设备目录》将场（厂）内专用机动车辆定义为“除道路交通、农用车辆以外仅在工厂厂区、旅游景区、游乐场所等特定区域使用的专用机动车辆。”通过上述概念的比较，可发现叉车、非公路用旅游观光车、推顶车等场（厂）内专用机动车虽属特种设备，但在车辆属性上与道交法中的“机动车”并无二致，两者区别在于道交法中所述机动车系“上道路行驶”的车辆，而特种设备车辆仅限于在特定区域使用，不具有上道路行驶的资格。因此，判断违法上道路行驶的特种设备车辆是否属于道交法所规制的机动车，关键在于如何解释道交法第一百一十九条第（三）项规定中的“上道路行驶”。如将此处的“上道路行驶”解释为具有上道路行驶资格，那势必将报废车、拼装车及非法改装车排除于道交法所规制的机动车之外，而道交法第十四条、第十六条、第一百条等多个法条明确将上述车辆作为机动车予以规制，如此解释显然破坏了

道交法条文之间的协调统一，并不足取。笔者认为，此处的“上道路行驶”应理解为车辆的实然状态，而非应然状态，是指客观上已经进入道路范围中行驶，实际参与到公共交通活动之中的机动车辆，其中包括不具上道路行驶资格而违法上道路行驶的机动车辆。因此，当驾驶人将不具有上道路行驶资格的特种设备车辆作为交通工具违法驶入公共道路，参与到公共交通活动之中，该特种设备车辆就应当被评价为道交法中的机动车，其违法上路行驶本身以及由此导致的相关事故均应当为道交法所规制。

（二）将特种设备车辆排除在道交法所规制的机动车范围之外的法律依据不足

有观点认为，适用于我国机动车运行安全管理的《机动车运行安全技术条件》（GB 7258－2012）以及适用于我国道路交通管理的《机动车类型 术语与定义》（GA802－2014）均已明确将叉车等特种设备车辆排除在外，故特种设备车辆不属于道交法所规制的机动车。笔者认为，上述文件之所以将特种设备车辆排除在外，是基于特种设备车辆的单一使用目的和封闭作业区域，为之设置了特定的技术参数和行业标准，以便在质检标准、登记管理权限等方面与其他准予在公共道路行驶的机动车相区别，而并非是对特种设备车辆的机动车属性予以否定。我国现行有效的道交法经2011年修订后于2011年5月1日施行，其中对于拼装车和非法改装车进行了规制，而同时期的《机动车运行安全技术条件》（GB7258－2004）以及《机动车类型 术语与定义》（GA802－2008）中均未有涉及拼装车及非法改装车的术语与定义。直至2014年9月1日施行的《机动车类型 术语与定义》（GA802－2014）才增加了拼装车与非法改装车的术语与定义。由此可见，上述文件对于机动车进行分类与定义，是为国家行政管理部门进行机动车运行安全管理及道路交通管理提供技术依据，而并非是对道交法所规制的机动车类型进行罗列。因此，并不能依据上述文件将特种设备车辆排除在道交法所规制的机动车之外。

（三）将违法上道路行驶的特种设备车辆纳入道交法所规制的机动车范围符合一般人对于法条用语的理解

对于车辆及其类型的确定，一般人往往会从外观特征、动力驱动、操控性以及功能性等方面进行判断。特种设备车辆在外观特征（驾驶室、方向盘、车轮等）、动力驱动、操控性（机械转向装置、刹车制动等）及功能性（载人运货）等方面均符合一般人对于机动车的认知。将叉车等特种设备车辆界定为机动车是普通民众根据一般的语言习惯和生活常识都可能预料到的结论。反之，将在道路上行驶的特种设备车辆排除在机动车范围之外，却极有可能超出国民的预测可能性，与法律解释原理相悖。

（四）将违法上道路行驶的特种设备车辆纳入道交法所规制的机动车范围符合道路交通管理和司法实践的实际需要

近年来，随着我国建筑业和物流业的迅猛发展，叉车等特种设备车辆的保有量逐年递增。此类车辆违法上道路行驶的现象屡见不鲜，由此导致的事故也频频发生。在道路交通管理方面上，虽然驾驶特种设备车辆上道路行驶行为本身不具有合法性，但如将特种设备车辆绝对排除在道交法规制的机动车范围之外，一则会使其道路行为愈加不受道交法的约束，进一步损害道路交通的安全与秩序。二则会导致此类车辆发生的道路事故不按交通事故处理，交管部门也不出具交通事故认定书，极有可能造成监管上的漏洞、甚至是行政管理上的推诿。三则在事故纠纷后续处理上，在事故责任的划分以及赔偿数额的确定上，也均会存在一定的障碍。另一方面，在司法实践上，如认定特种设备车辆不属于机动车范围，则醉酒驾驶特种设备车辆上道路行驶的行为就不能评价为危险驾驶罪。然而此类行为人主观上具备醉驾机动车的违法性认识，客观上醉驾特种设备车辆上路行驶带来的危险性与醉驾一般机动车相比有过之而无不及，此类行为理应受到危险驾驶罪的规范。因此，将特种设备车辆界定为道交法中的机动车符合道路交通管理和司法实践的实际需要。

基于上述分析，违法上道路行驶的特种设备车辆属于道交法所规制的机动车范围，其在道路行驶过程中发生的事故也应认定为交通事故。

二、关于驾驶特种设备车辆道路肇事行为的定性

《最高人民法院关于审理交通肇事刑事案件具体应用法律若干问题的解释》第八条规定，在实行公共交通管理的范围内发生重大交通事故的，依照刑法第一百三十三条和本解释的有关规定办理。在公共交通管理的范围外，驾驶机动车辆或者使用其他交通工具致人伤亡或者致使公共财产或者他人财产遭受重大损失，构成犯罪的，分别依照刑法第一百三十四条、第一百三十五条、第二百三十三条等规定定罪处罚。由上述司法解释可以看出，在使用交通工具过失致人损害的案件中，区分交通肇事罪与其他罪名的关键点在于肇事行为发生的时空条件和侵犯的客体，而并非取决于交通工具的性质与分类。因此，当

驾驶特种设备车辆肇事行为发生于实行公共交通管理的范围内，侵犯到了交通运输秩序和安全，应依法以交通肇事罪追究刑事责任。反之，如驾驶特种设备车辆在道路上的特定作业区域内作业时发生重大事故，由于该肇事行为发生于特定作业区域内，在该特定区域内并不实行公共交通管理，因此所侵犯的客体也并非是交通运输秩序和安全，则不能以交通肇事罪予以评价。

具体到本案，被告人孙某将特种设备车辆作为交通工具违法驶入公共道路之中，并在行驶过程中不按交通信号规定通行，因而导致被害人死亡结果的发生。被告人孙某作为交通活动的参与者，主观上对于被害人死亡结果的发生持有否定态度，但对其违法上道路行驶及不按交通信号规定通行系违反交通运输管理法规行为却是明知故犯，客观上也因其不按交通信号规定通行的行为直接导致了被害人死亡这一重大事故的发生。被告人的肇事行为发生在实行公共交通管理范围之内，不仅侵犯了他人的生命权，更是危害到了公共交通运输秩序和安全。因此，从行为主体、主观心态，客观表现及侵犯客体上看，相较于过失致人死亡罪，本案被告人的行为更符合交通肇事罪的构成要件，应以交通肇事罪论处。

［立法动态］

中华人民共和国国际刑事司法协助法（草案）（征求意见稿）

第一章　总　则

第一条　为了保障国际刑事司法协助的正常进行，加强国际刑事司法领域的合作，有效惩治犯罪，保护个人和组织的合法权益，维护国家利益和社会秩序，制定本法。

第二条　本法所称“国际刑事司法协助”是指中华人民共和国和外国在刑事案件侦查、起诉、审判和执行等活动中相互提供协助，包括送达文书，调查取证，安排证人作证或者协助调查，查封、扣押、冻结涉案财物，没收、返还和分享违法所得，通报刑事诉讼结果以及其他协助。

第三条　中华人民共和国和外国在平等互惠的基础上开展国际刑事司法协助。

国际刑事司法协助不得损害中华人民共和国的主权、安全和社会公共利益。

除依本法提出请求并获得批准外，任何外国组织和个人不得在中华人民共和国领域内从事本法规定的刑事诉讼活动。

第四条　中华人民共和国和外国之间的国际刑事司法协助，依照本法和中华人民共和国和外国缔结或者共同参加的条约进行。

办理刑事司法协助案件的相关程序，除本法或者有关条约另有规定外，适用中华人民共和国刑事诉讼法及其他相关法律的规定。

第五条 中华人民共和国和外国之间开展刑事司法协助，通过对外联系机关联系。中华人民共和国司法部等对外联系机关负责提出、接收、审查和协调办理刑事司法协助请求，处理其他与国际刑事司法协助相关的事务。

第六条 最高人民法院、最高人民检察院、公安部、国家安全部等部门是开展国际刑事司法协助的主管机关，负责依照刑事诉讼职能分工，审查办理由对外联系机关转递的刑事司法协助请求，审核本系统办案机关向外国提出的刑事司法协助请求，承担其他与刑事司法协助相关的工作。

具体承办刑事司法协助案件的机关是国际刑事司法协助的办案机关，负责执行所属主管机关交办的外国提出的刑事司法协助请求、向所属主管机关提交需要外国协助的刑事司法协助请求。

第七条 国家保障开展国际刑事司法协助所需经费。

第八条 中华人民共和国和外国相互执行刑事司法协助请求产生的费用，有条约规定的，按照条约承担；没有条约或者条约没有规定的，通过协商解决。

第二章　刑事司法协助请求的提出、接收和处理

第一节　向外国请求刑事司法协助

第九条 办案机关在办理刑事案件过程中，需要外国提供刑事司法协助的，应当制作刑事司法协助请求书并附相关材料，经其所属主管机关审核签署后，由对外联系机关对外提出。

对外联系机关收到主管机关签署的刑事司法协助请求书及相关材料后，应当及时向外国提出；需要补充或者修改的，及时通知主管机关。

第十条 办案机关向外国请求刑事司法协助时，应当制作请求书，载明以下信息并附相关材料：

（一）提出请求的办案机关的名称；

（二）刑事诉讼所处的阶段；

（三）案件性质、涉案人员基本信息及犯罪事实；

（四）适用的国内法律规定；

（五）请求的事项；

（六）请求的事项与案件之间的关联性；

（七）希望请求得以执行的期限；

（八）保密要求；

（九）其他执行请求所必需的信息或者特殊要求。

请求书及所附材料应当以中文制作，并附有被请求国官方文字的译本或者有关条约规定或双方商定的其他文字的译本。

第十一条 外国就执行中华人民共和国刑事司法协助请求提出附加条件的，对于不损害中华人民共和国主权、国家利益、公共利益的，可以由外交部代表中华人民共和国作出承诺。外国明确表示对外联系机关作出的承诺充分有效的，也可以由对外联系机关作出承诺。对于限制追诉的承诺，由最高人民检察院决定；对于量刑的承诺，由最高人民法院决定。在对涉案人员追究刑事责任时，司法机关应当受所作出的承诺的约束。

第十二条 对外联系机关收到外国提供的执行结果或者有关通知后，应当及时转交或者转告主管机关。

第二节 向中华人民共和国请求刑事司法协助

第十三条 向中华人民共和国提出刑事司法协助请求的，应当在请求书中载明本法第十条所列信息。

在没有刑事司法协助条约的情况下，外国应当在请求书中作出互惠承诺。

请求书及所附材料应当附有中文译本或者有关条约规定或双方商定的其他文字的译本。

请求向中华人民共和国领域内个人和组织送达文书的，所附文书应当附有中文译本。

第十四条 对外联系机关接到外国提出的刑事司法协助请求，应当对请求书及所附材料进行审查，并且分别做出以下处理：

（一）符合本法或者有关条约规定的请求书形式和内容要求的，应当将请求书及所附材料转交有关主管机关办理；

（二）不符合本法或者有关条约规定的请求书形式和内容要求的，可以要求请求国补充材料或者重新提交请求书。

除本法另有规定外，对外联系机关按照刑事诉讼管辖分工和职能分工将外国刑事司法协助请求转递相应的主管机关办理。主管机关有异议的，由对外联系机关协调确定。

第十五条 外国向中华人民共和国提出的刑事司法协助请求，有下列情形之一的，应当拒绝提供协助：

（一）执行请求有损中华人民共和国主权、安全和社会公共利益或者违背中华人民共和国法律基本原则的；

（二）请求针对的犯罪属于政治犯罪的；

（三）请求针对的犯罪纯属军事犯罪的；

（四）请求的目的是基于民族、种族、宗教、国籍、性别、政治见解或者身份等方面的原因而进行侦查、起诉、审判、处罚或者启动其他诉讼程序，或者在司法程序中可能由于上述原因而导致当事人受到不公正待遇的；

（五）请求国不能满足中华人民共和国就执行请求提出的附加条件的；

（六）其他应当拒绝的情形。

第十六条 外国向中华人民共和国提出的刑事司法协助请求，有下列情形之一的，可以拒绝提供协助：

（一）根据中华人民共和国法律，请求针对的行为不构成犯罪的；

（二）在收到请求时，中华人民共和国司法机关对于请求所涉及的同一犯罪嫌疑人或者被告人的同一犯罪行为正在进行侦查、起诉、审判和刑罚执行，或者已经作出生效判决、终止刑事诉讼程序或者已过追诉期限的；

（三）请求协助的事项与请求协助的案件缺乏实质性联系的；

（四）其他可以拒绝的情形。

第十七条 主管机关收到对外联系机关转交的刑事司法协助请求及所附材料后，经审查认为应当协助执行的，安排有关办案机关执行，并将同意执行的决定和执行结果通知对外联系机关。

主管机关审查发现有本法第十五条、十六条或者有关条约规定的拒绝协助的情形，认为应当全部或者部分拒绝提供协助的，将请求书及所附材料退回对外联系机关并说明理由；认为可以附条件执行的，应当通过对外联系机关向外国提出附加条件。

主管机关认为需要补充材料的，书面通知对外联系机关要求请求国在合理期限内提供。

主管机关认为执行外国请求将会妨碍中华人民共和国司法机关正在进行的

侦查、起诉或者审判活动，可以决定推迟协助，并将推迟协助的决定和理由书面通知对外联系机关。

主管机关认为对外国请求所涉及的犯罪应当行使管辖权的，依照刑事诉讼法有关规定转交办案机关处理；需要外国提供刑事司法协助的，可以依据本法向外国提出请求。

外国对执行其请求有保密或者其他特殊程序要求，在不违反中华人民共和国法律基本原则的情况下，主管机关可以按照其要求安排执行。

第十八条 办案机关在收到主管机关交办执行的外国刑事司法协助请求后，应当依法执行，并且将执行结果或者存在的妨碍执行的情形及时报告主管机关。执行需要制作相关法律文书的，依法制作相关法律文书后予以执行。

办案机关在执行请求过程中，应当维护当事人和其他相关人员的合法权益，保护公民个人信息。

第十九条 主管机关或办案机关对执行外国提出的刑事司法协助请求有保密要求或者有其他附加条件的，应当通过主管机关请对外联系机关对外提出，在外国接受条件并且作出书面承诺后，予以执行。

第二十条 外国请求将证据材料用于请求所针对的案件以外的调查、起诉和审判等其他任何目的的，应当征得中华人民共和国的同意。

第二十一条 对外联系机关收到主管机关提供的有关决定、执行结果或者有关通知后，及时转交或者转告请求国。

第三章 送达文书

第一节 向外国请求送达文书

第二十二条 办案机关需要外国协助送达传票、通知书、起诉书、判决书和其他司法文书的，应当制作刑事司法协助请求书并附相关材料，按照本法第九条的规定对外提出。

第二十三条 向外国请求送达文书的，请求书及所附材料应当符合本法第十条或者有关条约规定，附上受送达人的姓名或者名称以及送达的准确地址，并注明受送达人遵守相关文书义务所享有的权利和保障措施，以及未能遵守相关文书义务的法律后果。

第二节　向中华人民共和国请求送达文书

第二十四条　外国可以请求中华人民共和国协助送达包括传票、通知书、起诉书、判决书在内的有关司法文书。中华人民共和国协助送达司法文书，不代表对外国司法文书的承认，相关文书对受送达人也不具有强制约束力。

请求送达传票的，应当至少在开庭日期前三个月或者有关条约规定的期限前提出请求。

对于请求送达被告人出庭应诉的传票，中华人民共和国不负有执行送达的义务。

第二十五条　外国向中华人民共和国请求送达文书的，请求书及所附材料应当符合本法第十三条或者有关条约规定，附上受送达人的姓名或者名称以及送达的准确地址，并注明受送达人遵守相关义务所享有的权利和保障措施，以及未能遵守相关义务的法律后果。

第二十六条　外国向中华人民共和国提出的送达文书请求，按照本法第二章第二节的规定办理。

受送达人收到相关法律文书后，愿意履行相关司法文书确定的义务的，应当以书面形式通知办案机关。

负责执行送达文书的人民法院或其他办案机关，应当告知受送达人履行或者拒绝履行司法文书确定的义务可能承担的法律后果，及时将送达文书请求的执行结果通过其所属主管机关告知对外联系机关并附受送达人签收的送达回执或者其他证明文件，由对外联系机关告知请求国。

第四章　调查取证

第一节　向外国请求调查取证

第二十七条　办案机关为了获取和查实相关证据，需要外国提供协助的，应当制作刑事司法协助请求书并附相关材料，按照本法第九条的规定对外提出。

办案机关可以请求外国就下列调查取证事项提供协助：

（一）查找和辨认有关人员；

（二）查询或者核实存款、汇款、债券、股票、基金份额等相关涉案财物；

（三）获取有关人员的证言或者陈述；

（四）提供文件、记录、电子数据和物品；

（五）获取并提供鉴定意见；

（六）勘验或者检查场所、物品、人身、尸体；

（七）搜查人身、物品、住所和其他有关场所；

（八）查封、扣押物证和书证；

（九）其他形式的协助。

请求外国就上述事项提供协助时，办案机关可以同时请求协助安排请求书中指明的人在执行请求时到场。

第二十八条 向外国请求调查取证的，请求书及所附材料应当符合本法第十条或者有关条约规定，并且根据需要载明下列事项：

（一）被调查人的姓名、性别、住址、身份信息、联系方式和有助于确认被调查人的其他资料；

（二）需要向被调查人提问的问题清单；

（三）需要查找或者辨认人员的姓名、性别、住址、外表和行为特征、身份信息、联系方式和有助于查找或者辨认的其他资料；

（四）需要查找、查询的涉案财物的权益归属、保存地点、以及特性、外形和数量等具体信息；

（五）需要调取的资料、文件、记录和证据物品的具体信息、保存单位、人员和地点；

（六）需要勘验、检查的场所、物品等的具体信息；

（七）需要搜查、扣押的对象的具体信息；

（八）需要鉴定的对象的具体信息；

（九）有助于执行请求的其他材料。

第二十九条 被请求国要求返还其提供的证据材料或者物品的，办案机关在使用完毕以后，应当及时通过对外联系机关返还。

第二节 向中华人民共和国请求调查取证

第三十条 外国可以请求中华人民共和国就本法第二十七条第二款规定的

调查取证事项提供协助。

第三十一条 外国向中华人民共和国请求调查取证的，请求书及所附材料应当符合本法第十三条或者有关条约规定，并且根据需要载明本法第二十八条所列事项。

外国就相关事项提出刑事司法协助请求时，可以同时请求协助安排请求书中指明的人在执行请求时到场。

第三十二条 外国向中华人民共和国请求获取和查实证据，按照本法第二章第二节的规定办理。

外国请求派员在执行请求时到场的，主管机关同意的，由办案机关做出安排；存在以下情形的，应当拒绝安排：

（一）请求书中指明的人在执行请求时到场可能危害中华人民共和国国家主权、安全或者社会公共利益的；

（二）违反中华人民共和国法律的；

（三）请求书中指明的人在执行请求时到场可能会妨碍请求执行的；

（四）主管机关认为应当拒绝安排的其他情形。

获准在执行请求时到场的人员，应当遵守中华人民共和国法律，服从主管机关和办案机关的安排，不得实施任何具有强制性的行为。

办案机关要求返还其提供的证据材料或者物品的，应当在提供时作出说明，请求国承诺返还的，可以提供。

第五章 安排证人作证或者协助调查

第一节 向外国请求安排证人作证或者协助调查

第三十三条 办案机关需要外国协助安排证人、鉴定人来中华人民共和国作证或者通过视频、音频作证或者协助调查的，应当制作刑事司法协助请求书并附相关材料，按照本法第九条的规定对外提出。

第三十四条 向外国请求协助安排证人、鉴定人作证或者协助调查的，请求书及所附材料应当符合本法第十条或者有关条约规定，并且根据需要载明下列事项：

（一）证人、鉴定人的姓名、性别、住址、身份信息、联系方式和有助于确认证人、鉴定人的其他资料；

（二）作证的目的、必要性、时间、地点和内容；

（三）证人、鉴定人的津贴、报酬和相关费用；

（四）证人、鉴定人享有的权利及承担的义务；

（五）保障证人、鉴定人权利的承诺；

（六）有助于执行请求的其他信息。

第三十五条 来中华人民共和国作证或者协助调查的证人、鉴定人在出境前其人身自由不受限制，入境前实施的犯罪在离境前不受追诉，其作证中的行为受法律保护，但是因入境后实施违法犯罪而被采取强制措施的或者入境前已经被羁押的除外。

证人、鉴定人自办案机关通知其不必继续停留在中华人民共和国之日起十五日内或者有关条约规定的期限内仍不离境，则丧失前款所给予的保护，但是由于不可抗力或者其他特殊原因而未能离境的除外。

第三十六条 对前来作证或者协助调查的证人、鉴定人，对外联系机关应当给付津贴、报酬和相关费用。

第三十七条 来中华人民共和国作证或者协助调查的人员系在押人员的，由对外联系机关与被请求国就移交在押人员的条件事先达成协议。

主管机关和办案机关应当遵守协议内容，确保被移送的人员在中华人民共和国作证期间保持羁押状态，并在作证结束后及时将其移交被请求国。

第二节 向中华人民共和国请求安排证人作证或者协助调查

第三十八条 外国可以请求中华人民共和国协助安排证人、鉴定人赴外国作证或者通过视频、音频作证或者协助调查。

第三十九条 外国请求中华人民共和国协助安排证人、鉴定人作证或者协助调查的，请求书及所附材料应当符合本法第十三条或者有关条约规定，并且根据需要载明本法第三十四条所列事项。

第四十条 外国向中华人民共和国请求协助安排证人、鉴定人作证或者协助调查的，按照本法第二章第二节的规定办理。

证人、鉴定人书面承诺自愿作证的，办案机关应当及时将证人、鉴定人的作证意愿、要求和条件通过其主管机关通知对外联系机关，由对外联系机关通知请求国。

安排通过视频、音频作证的，主管机关或者办案机关应当派员到场，发现外国司法机关有损害中华人民共和国主权、安全和公共秩序以及违反中华人民共和国法律基本原则的提问和行为的，应当及时制止。

如果请求国未在请求书中作出相关承诺，对外联系机关应当要求请求国就出国作证或者协助调查的证人、鉴定人在作证期间及作证后合理期限内的人身自由不受限制、入其国境前实施的犯罪不受追诉作出承诺。因入其国境后实施违法犯罪而被采取强制措施的或者入其国境前已经被羁押的除外。

第四十一条 对于外国请求协助移送中华人民共和国在押人员出国作证或者协助调查的，对外联系机关应当征求在押人员所在监管场所的主管部门意见。相关主管部门和在押人本人均同意出国作证或者协助调查，并且外国书面承诺被移送在押人员在外国将处于在押状态，并在作证或者协助调查完毕后立即将在押人员送回的，由对外联系机关与请求国商定移交在押人员的相关事项。

在押人员出国作证或者协助调查由其所在的监管场所派员押解。

在押人员在外国在押期间应当折抵其在中华人民共和国被判处的刑期。

第六章　涉案财物的查封、扣押、冻结

第一节　向外国请求查封、扣押、冻结涉案财物

第四十二条 办案机关作出查封、扣押、冻结被告人或者犯罪嫌疑人涉案财物的决定，需要外国协助执行的，应当制作刑事司法协助请求书并附相关材料，按照本法第九条的规定向外国提出请求。

外国对于协助执行中华人民共和国查封、扣押、冻结涉案财物决定有特殊要求的，在不违背中华人民共和国法律基本原则的情况下，可以同意。需要由司法机关作出决定的，由人民法院作出。

在没有作出查封、扣押、冻结涉案财物决定并且需要向外国提出请求的情况下，办案机关可以按照前款规定直接请求外国协助查封、扣押、冻结涉案财物。

第四十三条 向外国请求执行查封、扣押、冻结涉案财物决定的，请求书及所附材料应当符合本法第十条或者有关条约规定，附有相关法律文书的副

本，并且根据需要载明下列事项：

（一）需要查封、扣押、冻结的涉案财物的存放地点，如果涉及的是存放在金融机构中的资金或者其他金融资产，应当说明金融机构的名称、地址和存放资金或者其他金融资产的账户信息；

（二）需要查封、扣押、冻结的涉案财物的权益归属证明文件、名称、特性、外形和数量；

（三）相关利害关系人、善意第三人的权利和义务；

（四）作出查封、扣押、冻结涉案财物决定的机关的名称、地址和联系方式；

（五）有助于执行请求的其他材料。

直接请求外国协助查封、扣押、冻结涉案财物的，请求书及所附材料应当符合本法第十条或者有关条约规定，附上有关证据材料，并且根据需要载明前款第一项、第二项和第五项的内容。

第四十四条　查封、扣押、冻结决定的期限届满，办案机关需要继续查封、扣押、冻结相关涉案财物的，或者办案机关变更或者撤销有关查封、扣押、冻结决定的，应当再次按照本法第九条的规定向外国提出请求。

第二节　向中华人民共和国请求查封、扣押、冻结涉案财物

第四十五条　外国请求中华人民共和国协助执行其司法机关作出的查封、扣押、冻结在中华人民共和国境内的涉案财物决定的，应当符合本法第十三条或者有关条约规定，并根据需要载明本法第四十三条第一款条所列事项。

外国在没有作出查封、扣押、冻结在中华人民共和国境内的涉案财物决定的情况下，直接请求中华人民共和国协助查封、扣押、冻结涉案财物的，请求书应当符合本法第十三条或者有关条约规定，附有关证据材料，并根据需要载明本法第四十三条第一款第一项、第二项和第五项的内容。

第四十六条　外国请求执行其司法机关作出的查封、扣押、冻结在中华人民共和国境内的涉案财物决定的，按照本法第二章第二节的规定办理。

主管机关审查认为符合下列条件的，可以同意执行：

（一）请求执行的相关法律文书系请求国有管辖权的司法机关作出并且已经发生法律效力；

（二）请求执行的相关法律文书与请求国正在进行的刑事犯罪案件的调

查、起诉和审判活动相关；

（三）请求书中详细描述了请求查封、扣押、冻结的涉案财物的期限、权益归属、名称、特性、外形和数量等信息；

（四）请求执行的涉案财物可以被查封、扣押、冻结；

（五）执行请求不影响其他利害关系人或者善意第三人的合法权益；

（六）执行请求不影响中华人民共和国正在进行的侦查、起诉、审判和刑罚执行活动。

办案机关应当及时通过主管机关请对外联系机关将查封、扣押、冻结的结果和期限通知请求方，同时应当妥善保管或者封存被查封、扣押、冻结的涉案财物。必要时，可以对被查封、扣押、冻结的涉案财物采取适当措施进行处理。

外国请求变更、解除查封、扣押、冻结的，或者期限届满请求继续执行其查封、扣押、冻结涉案财物请求的，应当向对外联系机关提出请求，由主管机关审查同意后通知办案机关执行。

相关利害关系人对查封、扣押、冻结决定有异议的，办案机关可以通过其所属的主管机关转送对外联系机关，由对外联系机关向作出决定的外国司法机关提出。

第四十七条 外国在没有作出查封、扣押、冻结在中华人民共和国境内的涉案财物决定的情况下，直接向中华人民共和国请求查封、扣押、冻结涉案财物的，按照本法第二章第二节的规定办理。

主管机关审查认为依据外国刑事司法协助请求书以及所提供的证据材料，符合中华人民共和国法律规定的立案条件的，转交办案机关办理，按照《中华人民共和国刑事诉讼法》有关规定协助查封、扣押、冻结涉案财物。

第四十八条 办案机关可以通过主管机关请对外联系机关要求请求国支付保管和处理被查封、扣押、冻结的涉案财物所产生的合理费用。

由于请求国原因导致查封、扣押、冻结不当，对利害关系人和善意第三人权利造成损害的，办案机关可以通过对外联系机关要求请求国承担赔偿责任。

第七章　违法所得的没收、返还和分享

第一节　向外国请求没收、返还和分享违法所得

第四十九条　人民法院作出没收被告人或者犯罪嫌疑人违法所得的裁判，需要外国协助执行的，应当制作刑事司法协助请求书并附相关材料，按照本法第九条的规定向外国提出请求。

在人民法院没有作出没收违法所得裁判的情况下，办案机关可以按照前款规定直接请求外国协助没收违法所得。

第五十条　请求外国协助执行人民法院作出没收裁判的，请求书及所附材料应当符合本法第十条或者有关条约规定，附有相关法律文书的副本，并且根据需要载明下列事项：

（一）需要没收的违法所得的存放地点。如果涉及的是存放在金融机构中的资金或者其他金融资产，应当说明金融机构的名称、地址和存放资金或者其他金融资产的账户信息；

（二）需要没收的违法所得的权益归属证明文件、名称、特性、外形和数量；

（三）诉讼过程中保障相关利害关系人、善意第三人诉讼权利的情况；

（四）作出生效没收裁判的人民法院的名称、地址和联系方式；

（五）有助于执行没收请求的其他材料。

直接请求外国协助没收违法所得的，请求书及所附材料应当符合本法第十条或者有关条约规定，附上有关证据材料，并且根据需要载明前款第一项、第二项和第五项的内容。

第五十一条　办案机关请求外国协助查封、扣押、冻结的涉案财物，需要返还合法所有人的，应当按照本法第九条的规定提出请求。

外国对于返还被查封、扣押、冻结的涉案财物有特殊要求的，在不违背中华人民共和国法律基本原则的情况下，可以同意。需要由司法机关作出决定的，由人民法院作出决定。

第五十二条　向外国请求返还被查封、扣押、冻结涉案财物的，请求书及所附材料应当符合本法第十条或者有关条约规定，并且根据需要提供相关证据

材料和权属证明。

第五十三条 外国应中华人民共和国请求没收违法所得或者基于执行中华人民共和国没收裁判没收违法所得，除外国主动提出返还或者分享的情况外，办案机关应当按照本法第九条的规定提出返还或者分享请求。

外国基于中华人民共和国提供的刑事司法协助而没收违法所得，办案机关可以通过主管机关请对外联系机关提出分享请求。

第五十四条 向外国请求返还被没收违法所得的，请求书及所附材料应当符合本法第十条或者有关条约规定，说明拟请求返还的违法所得的情况、请求返还的理由，并且根据需要提供相关证据材料和权属证明。

向外国请求分享被没收违法所得的，请求书及所附材料应当符合本法第十条或者有关条约规定，说明拟请求分享的违法所得的情况、请求分享的理由以及请求分享的违法所得的数额或者比例。

第五十五条 办案机关提出返还或者分享请求，或者外国主动提出返还或者分享的，财物的移交和分享的比例由对外联系机关会同主管机关与外国协商确定。

第五十六条 人民法院作出罚金刑罚、没收财产刑罚或者刑事附带民事诉讼损害赔偿裁判，被告人在外国有可供执行的财产的，执行机关可以参照本法第五十条第一款的规定请求外国协助执行。

外国协助执行的，对外联系机关应当就被执行的财产的移交问题与外国进行协商。

第二节 向中华人民共和国请求没收、返还和分享违法所得

第五十七条 外国请求协助执行其法院作出的没收裁判的，请求书应当符合本法第十三条或者有关条约规定，附有相关生效法律文书副本，并根据需要载明本法第五十条第一款所列事项。

第五十八条 外国向中华人民共和国请求承认和执行没收裁判的，按照本法第二章第二节的规定办理。

对外联系机关认为可以提供协助的，转交给最高人民法院审查、安排办理。

第五十九条 外国请求承认和执行其没收裁判，承办的人民法院认为符合下列条件的，可以作出承认外国没收裁判的决定：

（一）请求执行的相关法律文书系请求国有管辖权的法院作出；

（二）请求执行相关法律文书已经发生效力；

（三）外国诉讼过程中充分保障了相关利害关系人、善意第三人的诉讼权利；

（四）外国请求书及所附材料中详细描述了请求没收的违法所得的权益归属、名称、特性、外形和数量等信息；

（五）没收裁判在请求国不能执行或者不能完全执行的；

（六）在中华人民共和国有可供执行的财物；

（七）人民法院认为应当满足的其他条件。

第六十条 外国请求承认和执行其没收裁判，有下列情形之一的，人民法院应当作出不予承认外国没收裁判的决定，并说明理由：

（一）违反中华人民共和国法律，可能危害中华人民共和国国家主权、安全和社会公共利益的；

（二）中华人民共和国或者第三国司法机关已经对请求国请求所针对的违法所得作出终审裁判，并且已经执行完毕或者正在执行，或者已经无法执行的；

（三）执行外国没收裁判将会影响或者妨碍中华人民共和国正在进行的刑事诉讼活动；

（四）请求没收的违法所得不存在、已经毁损、灭失、变卖或者已经转移导致无法执行的，但是，请求国请求没收违法所得的变卖物或者转移后的财物的除外；

（五）外国没收裁判针对的人员在中华人民共和国领域内有尚未清偿的债务或者尚未终结的诉讼；

（六）人民法院认为应当不予承认的其他情形。

第六十一条 人民法院针对外国没收裁判作出的决定，是终审决定。人民法院决定不予执行的，或者人民法院决定执行并且没收裁判执行完毕的，办案机关应当立即通过其主管机关通知对外联系机关。

第六十二条 外国在没有作出没收违法所得裁判的情况下，直接请求中华人民共和国协助没收违法所得的，请求书应当符合本法第十三条或者有关条约规定，附有关证据材料，并根据需要载明本法第五十条第一款第一项、第二项和第五项的内容。

第六十三条 外国在没有作出没收违法所得裁判的情况下，直接向中华人民共和国请求没收违法所得的，按照本法第二章第二节的规定办理。主管机关审查认为依据外国刑事司法协助请求书以及所提供的证据材料符合中华人民共和国法律规定的立案条件的，转交办案机关办理，按照《中华人民共和国刑事诉讼法》有关规定协助没收违法所得。

第六十四条 外国请求中华人民共和国将协助查封、扣押、冻结的涉案财物返还给合法所有人，能够提供确实、充分的证据证明涉案财物系被害人合法财产的，主管机关审查认为符合中华人民共和国法律规定的人民法院作出生效判决前返还被害人合法财产条件，并且外国明确承诺同意中华人民共和国提出的条件的，办案机关可以返还。返还前，办案机关可以扣除执行请求所产生的合理费用。被查封、扣押、冻结的涉案财物不足以支付为查封、扣押、冻结所产生的合理费用，或者请求所针对的财物价值过小的，可以拒绝返还。

第六十五条 外国请求将被没收财物返还合法所有人，能够提供确实、充分证据证明的，承办的人民法院审查认为符合中华人民共和国法律规定的返还被害人合法财产的条件，并且外国明确承诺同意中华人民共和国提出的条件的，可以同意返还。返还前，办案机关可以扣除执行请求所产生的合理费用。被没收财物不足以支付为没收所产生的合理费用，或者请求所针对的财物价值过小的，可以拒绝返还。

外国请求分享被没收财物的，扣除合理费用后，由对外联系机关会同主管机关根据请求国的贡献，商定分享的比例与外国进行分享。

第六十六条 外国请求协助执行其罚金刑、没收财产刑的，在外国明确承诺同意中华人民共和国提出的条件的情况下，可以参照本法第五十八条至第六十一条的规定，协助执行。

第八章 刑事诉讼结果的通报

第六十七条 对于中华人民共和国提供了刑事司法协助的案件，办案机关可以请求外国通报该案的刑事诉讼结果。

外国主动通报针对中华人民共和国公民提起的刑事诉讼的判决结果的，对外联系机关收到相关材料后，通知外交部和相关主管机关。

第六十八条 外国就其提供了刑事司法协助的案件，请求通报刑事诉讼结果的，对外联系机关收到请求后，转交原提出请求的主管机关办理。

第九章　附则

第六十九条　中华人民共和国与有关国际组织开展的刑事司法协助，参照本法规定。

第七十条　依据条约向中华人民共和国提出的刑事司法协助请求或者应中华人民共和国请求提供的文件和证据材料，不需要任何形式的公证和认证。没有条约的，按照互惠原则办理。

第七十一条　本法不影响有关中央国家机关依据中华人民共和国已经缔结或者参加的条约履行对外联系机关职能。

第七十二条　本法自　年　月　日起施行。

关于《中华人民共和国国际刑事司法协助法（草案）》的说明

一、制定本法的必要性

（一）制定国际刑事司法协助法是落实党的十九大精神，全面推进依法治国、推进反腐败国家立法、推进国际追逃追赃工作的需要

党中央高度重视反腐败和国际追逃追赃的法律制度建设，国际刑事司法协助法是反腐败国家立法的重要内容。党的十八大以来，习近平总书记就制定国际刑事司法协助法先后两次作出重要指示，在重大外交活动中先后80余次就反腐败和国际追逃追赃发表重要谈话。党的十九大报告指出，全面依法治国是中国特色社会主义的本质要求和重要保障，强调要完善以宪法为核心的中国特色社会主义法律体系，建设中国特色社会主义法治体系；报告进一步强调

"推进反腐败国家立法"，不管腐败分子逃到哪里，都要缉拿归案、绳之以法。

当前，民商事司法协助、引渡合作分别在民事诉讼法和引渡法中已有规定，刑事司法协助只在刑事诉讼法第十七条有原则性规定，具体合作内容、要件以及执行程序等未予明确。制定一部内容较为完备、行之有效的国际刑事司法协助法，是贯彻落实党的十九大精神的具体体现，有利于规范和完善我国刑事司法协助体制，填补刑事司法协助国际合作的法律空白，完善追逃追赃有关法律制度，为推进全面依法治国、全面从严治党作出应有贡献。

（二）制定国际刑事司法协助法有利于加强国际合作打击跨国犯罪，为我国履行国际条约义务提供法律依据

党的十八届四中全会强调，要"加强涉外法律工作。深化司法领域国际合作，完善我国司法协助体制，扩大国际司法协助覆盖面"。共同打击跨国犯罪已经成为我国与有关国家和国际组织开展交流合作的重要领域。有效惩治跨国犯罪离不开国家间的紧密合作，需要有效履行相关国际条约义务。截至目前，我国已经批准和加入了包括《联合国反腐败公约》和《联合国打击跨国有组织犯罪公约》等多项含有刑事司法协助内容的国际公约，批准了54件有关刑事司法协助的双边条约。

但是，我国与外国开展打击跨国犯罪国际合作尚存在一些制度障碍，例如履行国际条约的国内法律依据不足、我国司法机关主动利用条约开展国际合作的意识和能力不强等。制定国际刑事司法协助法，能够从制度上解决这些问题，通过法律手段加强国际合作、打击跨国犯罪，为我国履行国际条约义务提供国内法律依据，树立负责任大国的形象。

（三）制定国际刑事司法协助法有利于明确刑事司法协助工作的管理职责，形成工作合力

刑事司法协助工作涉及刑事案件侦查、起诉、审判和执行等刑事诉讼程序各个阶段以及对外承诺等活动，参与工作的国内部门众多，包括最高人民法院、最高人民检察院、外交部、公安部、司法部等。由于各部门参与刑事诉讼国际合作的法律依据缺失、已缔结的国际条约对我国内部门参与国际合作的规定不尽一致，导致在当前实践中，各部门职责划分有待厘清、部门间协调机制需要完善。

制定国际刑事司法协助法是国家反腐败和打击跨国犯罪等工作的一项顶层设计，有利于从法律上明确各相关部门在刑事司法协助中的职责和任务，有利

于解决职责不清、协调不畅的问题，有利于强化分工合作、提升工作效率，进一步完善国际刑事司法协助工作的制度体系。

二、本法起草的过程和基本原则

2003年10月，第58届联合国大会通过《联合国反腐败公约》（以下简称《公约》）。2005年10月，第十届全国人大常委会第十八次会议决定批准了《公约》。中央纪委于2004年牵头成立研究实施《公约》协调小组，为了实现我国法律制度与《公约》及其他相关国际条约的衔接，明确提出制定司法协助法的任务，指定司法部会同中央纪委监察部、最高人民法院、最高人民检察院、外交部、公安部等部门起草。

2015年6月，国际刑事司法协助法被列为第十二届全国人大常委会立法规划一类项目。中央纪委、中央政法委、全国人大外事委员会和司法部等部门高度重视立法工作，积极推进立法进程。经过近三年全面深入的调研论证，在先后五次广泛征求最高人民法院、最高人民检察院、国务院有关部门及专家学者等各方面意见的基础上，形成了目前的《中华人民共和国国际刑事司法协助法（草案）》。

在本法的起草过程中，主要把握了以下三个方面：

（一）坚持主权原则与合作理念。国际刑事司法协助首先要坚持国家主权原则，合作不能损害国家主权、安全和社会公共利益；其次要体现国家之间相互提供最广泛合作的精神。因此，草案有关条款强调我国的司法主权不容侵害，明确规定应当或者可以拒绝合作的情形，同时草案也体现了平等互惠原则，规定了相对宽泛的合作范围，为顺利开展合作创造条件、铺平道路。

（二）坚持从国情和我国实践出发，借鉴外国经验，兼顾国际条约。草案立足于我国现有的刑事诉讼制度和相关部门在刑事诉讼不同阶段的职责分工，注重本法与刑法、刑事诉讼法等法律的协调。同时，草案反映了我国刑事司法协助工作实践的一般规则，借鉴外国开展刑事司法协助工作的有益经验，注意本法与国际条约相衔接。

（三）坚持以问题为导向，立足当前，着眼长远。在全面总结过去30多年开展刑事司法协助工作实践经验的基础上，草案着眼于为我国与外国的国际刑事司法协助提供必要的法律依据，以解决合作中的实际问题为导向，以服务反腐败国际追逃追赃为目的。草案各项制度的设计立足于我国当前的司法体制机制和刑事诉讼制度，同时，注意把握实践发展的新趋势、新理念，保障我国刑事司法协助工作的持续健康发展。

三、国际刑事司法协助法草案的主要内容

草案共有9章、72条。

第一章是“总则”，有8条。本章规定了立法目的、定义，规定了开展协助的原则、依据、对外联系机关、主管机关和办案机关，规定了经费保障和费用承担等问题。鉴于我国的刑事司法协助实践是缔约先于立法，与不同国家签订的条约内容各有不同，草案第四条第一款明确了我国和外国缔结或者共同参加的条约是协助依据之一。

第二章是“刑事司法协助请求的提出、接收和处理”，有2节、13条。本章分别规定了在我国向外国请求刑事司法协助和外国向我国请求刑事司法协助的两种情况下，提出、接收和处理刑事司法协助请求的程序、请求书要件、我国拒绝提供协助的情形、附加条件、结果通知等。草案第五、六、十四、十七条明确规定了我国刑事司法协助的对外联系机关、主管机关、办案机关，划分了对外联系机关与主管机关的职责。

第三章是“送达文书”，有2节、5条。本章分别规定了我国向外国提出送达文书请求的程序、外国向我国提出送达文书请求在我国执行的程序，以及送达文书请求书的要件、送达文书的范围和效力等。

第四章是“调查取证”，有2节、6条。本章分别规定了我国向外国提出调查取证请求的事项和程序、外国向我国提出调查取证请求在我国执行的程序和拒绝安排的情形，以及调查取证请求书的要件、证据材料和物品的返还等。

第五章是“安排证人作证或者协助调查”，有2节、9条。本章规定了我国向外国提出安排证人作证或者协助调查请求的程序、请求书要件，证人、鉴定人的保护及其作证费用和津贴，以及移送在押人员作证等，规定了外国向我国提出安排证人作证或者协助调查请求、移送在押人员作证请求在我国执行的程序，以及请求书要件等。

第六章是“涉案财物的查封、扣押、冻结”，有2节、7条。本章规定了我国向外国提出查封、扣押、冻结涉案财物请求的程序、请求书要件，以及续冻、变更和撤销问题，规定了外国向我国提出查封、扣押、冻结涉案财物请求及其执行的程序，以及费用和赔偿等。

第七章是“违法所得的没收、返还和分享”，有2节、18条。本章规定了我国向外国提出没收、返还和分享违法所得请求的程序、请求书要件，财物移交及分享比例、财产刑的协助执行等，规定了外国向我国提出没收、返还和分享违法所得请求的审查、执行程序以及请求书要件，我国对外国请求予以承认的条件、不予承认的情形，以及外国财产刑的协助执行等。

第八章是“刑事诉讼结果通报”，有2条。本章分别规定了我国请求外国、外国请求我国通报刑事诉讼结果的程序。

第九章是“附则”，有4条。本章包括与国际组织合作、公证和认证互免、其他条约对外联系机关以及生效日期等。

四、需要重点说明的问题

刑事司法协助的对外联系机关设置以及对外联系机关与主管机关的职责划分，是国际刑事司法协助法立法需要认真处理好的一个重要问题，包括以下三个层面的问题：

一是对外联系机关怎么设置和命名。对外联系机关通常是指涉及刑事司法协助的国际条约中规定的，由一国国内法或政府确定的有权代表该国提出、接收、转递和执行国际刑事司法协助请求的机关。草案第五条规定，司法部等部门为我国和外国之间开展刑事司法协助的对外联系机关。

二是对外联系机关与主管机关的职责划分。各方面普遍认为理顺对外联系机关和主管机关的关系是完善司法协助体制机制的重要内容。草案原则上规定对外联系机关承担对外国请求的形式审查职责，包括提出、接收、审查和协调办理刑事司法协助请求，处理其他相关事务（第五条），且仅审查外国请求书的形式和内容（第十四条）；原则上规定主管机关依照刑事诉讼职能分工，审查办理对外联系机关转递的刑事司法协助请求（第六条），审查决定是否批准执行或者拒绝提供协助（第十七条）。

三是对外承诺的职责分工。当外国对执行我国刑事司法协助请求提出条件时，我国需要研究决定是否同意该外国的条件，由什么部门决定并对外作出承诺，也是国际刑事司法协助的重要问题。草案原则上规定，关于外国提出的条件，由外交部代表我国对外承诺。外国明确表示对外联系机关作出承诺充分有效的，也可以由对外联系机关作出承诺（第十一条）。

《最新法律文件解读》丛书
稿　约

《最新法律文件解读》是一套以为最新法律规范提供同步"解读"为主的系列丛书,分为刑事、民事、商事、行政与执行4个分册,按月出版。

本丛书以"解读"为重点,突出全、专、新、快、准等特点,通过对最新出台的法律、法规、司法解释、部门规章以及重要地方性法规进行同步动态解读,弥补了法律、法规、司法解释汇编类出版物没有同步阐释、解读内容的不足,为广大读者学习理解最新法律规范,正确贯彻执行法律文件,及时解决实践中的新情况、新问题,提供一个全方位、多层面的法律信息平台。

欢迎您向以下栏目赐稿:

【最新法律文件解读】主要是对最新颁行的法律文件进行解读,帮助司法和执法人员正确理解法律文件的立法背景、意义、重点内容、在适用中应注意的问题、与相关法律文件的衔接与互动关系等等。

【司法实务问题研究】主要刊登对司法理论、实务及司法管理工作中的热点、疑难问题进行研究及评论的文章。

【新类型疑难案例选评】主要是对司法和行政执法实践中具有典型性和代表性的疑难案例,结合具体案情以及审理或处理结果进行简练精辟的点评,解析认识问题的方法、处理问题的法律依据和在个案中的具体适用。

【法学前沿与新视点】以摘要的形式刊登相关法学理论研究的最新动态及具有代表性和典型性的前沿问题,扩展法学研究的深度和广度。

【法律适用问题解答】主要针对司法和行政执法实践中面临的新问题、热点问题、疑难问题进行简要的解答,指出涉及的法律关系,明确法律适用依据。

稿件一经刊用,即付稿酬,稿酬从优。

《刑事法律文件解读》　姜　峤　邮箱:bj85250573@126. com
《民事法律文件解读》　丁丽娜　邮箱:dlnlaw@163. com
《商事法律文件解读》　路建华　邮箱:shangshijiedu@126. com
《行政与执行法律文件解读》　张　奎　邮箱:271717306@qq. com

人民法院出版社
《最新法律文件解读》丛书编辑部

❖欢迎订阅❖

人民法院出版社2019年连续出版物

《中国审判指导》丛书

1.**《民事审判指导与参考》**

最高人民法院民事审判第一庭编。全年4辑,每辑50元,共200元。

2.**《商事审判指导》**

最高人民法院民事审判第二庭编。全年4辑,每辑50元,共200元。

3.**《立案工作指导》**

姜伟主编,最高人民法院立案庭编。全年2辑,每辑50元,共100元。

4.**《审判监督指导》**

孙华璞主编,最高人民法院审判监督庭编。全年4辑,每辑50元,共200元。

5.**《知识产权审判指导》**

陶凯元主编,最高人民法院民事审判第三庭编。全年2辑,每辑50元,共100元。

6.**《涉外商事海事审判指导》**

刘贵祥主编,最高人民法院民事审判第四庭编。全年2辑,每辑50元,共100元。

7.**《中国少年司法》**

沈德咏主编,最高人民法院少年法庭指导小组编。全年4辑,每辑38元,共152元。

《最新法律文件解读》丛书

共4种:《刑事法律文件解读》《民事法律文件解读》《商事法律文件解读》《行政与执行法律文件解读》,每种每月1辑,每辑22元,每种全年264元。

《判解研究》,王利明教授主编,中国人民大学民商事法律科学研究中心主办。全年4辑,每辑50元,共200元。

《司法文件选》,最高人民法院研究室编,全年12辑,每辑6元,共72元。

《司法文件选解读》,最高人民法院研究室编,全年12辑,每辑7元,共84元。

银行汇款方式:
开户银行:工行王府井金街支行
账号:0200000709004606170
开户名称:人民法院出版社
传真:010-67550541

邮局汇款方式:
邮编:100745
地址:北京市东城区东交民巷27号
联系人:人民法院出版社
咨询电话:010-67550538　67550536

上述图书,邮购请加15%邮费。